LE TRAITÉ

DES

TROIS IMPOSTEURS

(DE TRIBUS IMPOSTORIBUS; MDIIC.)

TRADUIT POUR LA PREMIÈRE FOIS EN FRANÇAIS,
TEXTE LATIN EN REGARD,
COLLATIONNÉ SUR L'EXEMPLAIRE DU DUC DE LA VALLIÈRE,
AUJOURD'HUI À LA BIBLIOTHÈQUE IMPÉRIALE DE PARIS,
AUGMENTÉ DE VARIANTES DE PLUSIEURS MANUSCRITS, ETC.,
PRÉCÉDÉ D'UNE

NOTICE PHILOLOGIQUE ET BIBLIOGRAPHIQUE

PAR

PHILOMNESTE JUNIOR

PARIS
À LA LIBRAIRIE DE L'ACADÉMIE DES BIBLIOPHILES
10, RUE DE LA BOURSE, 10

BRUXELLES
A. CL. A. DANCE, LIBRAIRE

1867

TRAITÉ

DES

TROIS IMPOSTEURS

Tiré à 257 exemplaires, numérotés de 1 à 257 :

2 papier de Chine,
235 papier de Hollande;

Bruxelles. — Imp. de J. Rops, rue de l'Ermitage, 8.

LE TRAITÉ

DES

TROIS IMPOSTEURS

(DE TRIBUS IMPOSTORIBUS; M.D.IIC.)

TRADUIT POUR LA PREMIÈRE FOIS EN FRANÇAIS;
TEXTE LATIN EN REGARD,
COLLATIONNÉ SUR L'EXEMPLAIRE DU DUC DE LA VALLIÈRE,
AUJOURD'HUI A LA BIBLIOTHÈQUE IMPÉRIALE DE PARIS,
AUGMENTÉ DE VARIANTES DE PLUSIEURS MANUSCRITS, ETC.,
PRÉCÉDÉ D'UNE

NOTICE PHILOLOGIQUE ET BIBLIOGRAPHIQUE

PAR

PHILOMNESTE JUNIOR

PARIS

A LA LIBRAIRIE DE L'ACADÉMIE DES BIBLIOPHILES
10, RUE DE LA BOURSE, 10

BRUXELLES

CHEZ A. BLUFF, LIBRAIRE
49, RUE DU MIDI, 49

1867

NOTICE BIBLIOGRAPHIQUE

SUR LE TRAITÉ

DE TRIBUS IMPOSTORIBUS

I

Vers le commencement du dix-septième siècle, la liberté de penser, si longtemps comprimée, se réveilla à la suite des controverses qui eurent lieu entre les catholiques et les réformés ; des esprits audacieux s'élancèrent au delà du cercle circonscrit de ces querelles. Il y avait déjà longtemps que Rabelais avait, sous un voile assez transparent, livré au ridicule ce qui avait été jusqu'alors l'objet de la plus profonde vénération (1), lorsque Gior-

(1) La hardiesse de Rabelais est bien connue, mais un fait très-curieux, et qui n'a été mis en lumière que depuis peu de temps, c'est que dans les éditions originales de son immortelle satire (éditions dont il ne reste pour la plupart qu'un ou deux exemplaires qui se payent au poids de l'or), l'audace avait été encore plus grande ; quelques adoucissements parurent utiles, soit à maître François lui-même, soit à ses éditeurs. En voici un exemple ; le texte primitif

a

dano Bruno et Vanini développèrent dans des écrits d'une obscurité calculée des assertions téméraires qu'ils payèrent de leur vie (1).

du 23e chapitre du second livre s'exprimait ainsi : « Pantagruel ouyt nouvelle que son pere Gargantua auoyt este translate au pays des Phees par Morgue, comme feut iadyz Enoch et Elie. » Cette assimilation aux contes de fées de deux traits rapportés dans l'Ancien Testament éveilla des scrupules, et les réimpressions suivantes mirent deux héros des épopées chevaleresques, Ogier et Artus, en remplacement du patriarche antédiluvien et du prophète. La nouvelle leçon ne choquait personne; elle a toujours été reproduite depuis. (Voir entre autres l'édition dite *Variorum*, en 9 vol. in-8°, tome III, p. 522.)

Ce fut, nous le croyons, en 1844, qu'un bibliophile bordelais, M. Gustave Brunet, signala pour la première fois l'ancienne et remarquable variante, dans une *Notice sur une édition inconnue du Pantagruel*. Le savant auteur du *Manuel du Libraire*, dans ses *Recherches sur les éditions originales de Rabelais* (Paris, 1852), n'a pas manqué de faire observer, page 59, que c'est à partir de l'édition de 1538 qu'aux deux personnages bibliques ont été substitués des preux de la Table-Ronde. Nous sommes surpris de ne trouver que la leçon adoucie dans la très-bonne édition de Rabelais publiée par MM. Burgaud des Marets et Rathery, *Paris, F. Didot*, 1857 (tom. 1, p. 345); la variante est signalée dans le Rabelais (tom. 1, p. 286) que M. Jannet voulait comprendre dans sa *Bibliothèque elzévirienne*, et dont il n'a malheureusement paru que le premier volume (en 1858).

(1) Ce n'est pas ici qu'il serait à propos de parler de ces deux penseurs si remarquables. Consulter, à l'égard du premier, le savant travail de M. Bartholmess, *Jordano Bruno* (Paris, 1846, 2 vol. in-8°), et au sujet de Vanini, un travail de M. Cousin inséré dans la *Revue des Deux-Mondes*, 1er décembre 1843, et reproduit en tête des *Fragments de philosophie cartésienne*, 1845. Un article se trouve aussi dans l'*Encyclopédie nouvelle* (restée inachevée) de MM. P. Leroux et J. Reynaud. Disons encore qu'une appréciation lumineuse de Bruno et de Vanini se rencontre (pages 365-521) dans un important ouvrage de M. Moriz Carrière, qui, n'ayant pas été traduit, est resté presque inconnu en France: *Die philosophische Weltanschauung der Reformationszeit*, Stuttgart, 1847, in-8°.

Théophile Viaud et ses amis se montrèrent à peu près
à découvert ce que le père Garasse, dans sa *Doctrine
curieuse,* appelle « apprentifs de l'athéisme, enroolez en
cette maudite confrérie qui s'appelle la Confrérie des
Bouteilles (1). »

Ce fut alors que se répandirent dans le monde savant
des rumeurs à l'égard d'un livre dont on ne s'entrete-
nait qu'avec effroi, et dont le but, disait-on, était d'établir que le genre humain avait été successivement
trompé par trois imposteurs. De là vint le titre *De tribus Impostoribus* donné à cet ouvrage, vrai chef-
d'œuvre d'impiété, qu'on n'avait pas vu, mais à l'égard
duquel quelques témoignages isolés et vagues avaient
déjà été émis.

Un des premiers écrivains qui en aient fait une mention expresse, est un moine espagnol de l'ordre des Car-
mes, Geronymo de la Madre de Dios. Dans un livre publié
à Bruxelles, en 1611, sous le titre de : *Diez lamenta-
ciones del miserable estado de los Atheistas,* le révé-
rend père s'exprime en ces termes : « Uno desta Secta (de
los Atheistas libertinos) compuso un libro intitulado :
De los tres Enganadores del Mundo, Moysen, Christo y
Mahoma, que no se lo dexaron imprimir en Alemanna,
el anno pasado de 1610. »

Dans le cours du dix-septième siècle et au commencement du dix-huitième, un grand nombre d'auteurs con-
tinuèrent de parler du livre *De tribus Impostoribus* ;
aucun d'eux n'affirma qu'il l'avait vu, mais la plupart
répétaient ce qu'on en disait, en y ajoutant parfois des

___

(1) Nous renvoyons à la notice sur Théophile, qui occupe 136 pages dans le premier volume des *OEuvres* de cet écrivain, publiées
par M. Alleaume, dans la *Bibliothèque elzévirienne,* 1856, 2 vol. in-18.

circonstances peu vraisemblables. Plus tard, des critiques plus judicieux émirent l'idée qu'il ne s'agissait que d'un livre imaginaire. Un littérateur ingénieux, dont le nom est resté cher aux amis de l'étude, Bernard de la Monnoye, auteur des célèbres *Noei* bourguignons, donna, à l'appui de cette dernière opinion, des arguments consignés dans une dissertation que nous reproduisons. (Elle se trouve dans ses *Œuvres*, éd. de 1770, t. III, p. 359-597.) Des réponses furent faites à l'écrit de la Monnoye; mais pendant que les érudits discutaient, l'ouvrage lui-même restait invisible.

On l'avait cependant cherché avec une vive ardeur; on prétendit qu'un diplomate suédois, Salvius, se l'était procuré; on ajoutait que la reine Christine n'avait pas voulu le lui demander pendant qu'il vivait, parce qu'elle savait que ce serait inutile, mais aussitôt qu'elle apprit la mort de son ancien plénipotentiaire, elle envoya Bourdelot, son premier médecin, prier la veuve de satisfaire sa curiosité : il fut répondu que le malade, saisi de remords de conscience la veille de sa mort, avait fait brûler le livre devant lui (*Menagiana*, t. IV).

Avant la Monnoye, Gabriel Naudé, dont on connaît l'amour pour les livres, et qui certes n'aurait rien épargné pour placer celui-ci dans la riche bibliothèque qu'il formait pour le cardinal Mazarin, avait écrit : « Je n'ai jamais vu le livre *De tribus Impostoribus*, et je crois qu'il n'a jamais été imprimé, et tiens pour mensonge tout ce qu'on en a dit. » — Grotius (*App. ad Comment. de Antichristo*, p. 133) formule une opinion semblable.

Un théologien à idées hardies pour l'époque, et qui fut le premier (nous le croyons du moins), parmi les catholiques, à douter que le Pentateuque eût été rédigé par Moïse, l'oratorien Richard Simon, dans ses *Lettres choi-*

sies (Rotterdam, 1702, t. I, pp. 166 et 202), émet l'avis
que le *Liber de tribus Impostoribus* n'a jamais existé;
les faux bruits répandus sur son compte viennent de la
malignité qui s'attachait à décrier un personnage qu'on
voulait perdre.

Bayle se rangeait à cette opinion; dans une note qui
fait partie de l'article qu'il consacre à l'Arétin (*Dictionnaire historique*), il dit : « Il y a grande apparence
que ce livre n'a jamais existé; M. de la Monnoye a mon-
tré par de très-fortes raisons que c'est une pure chimère.
Le père Mersenne (*in Genesim,* page 1830) a dit qu'un
de ses amis, qui avait lu le livre en question, y avait reconnu le style de l'Arétin. Chansons que tout cela. »

Nous aurons l'occasion de parler de quelques-uns des
écrivains qui ont fait mention du *Liber de tribus Impostoribus,* et qui l'ont attribué à tel ou tel personnage;
d'autres *testimonia* peuvent se joindre à ceux-là. Un
philosophe français qui alla s'établir en Italie, et dont les
écrits, empreints d'un scepticisme peu déguisé, excitèrent
de vives colères de la part des théologiens, Claude de
Beauregard (Beringaldus), s'exprime ainsi dans son *Circulus Pisanus* (1), p. 230 (Patavii, 1661), au sujet des
miracles de Moïse qu'on a attribués à la magie : «Tot
viri sancti et Christus ipse Mosem secuti satis eum vindi-

(1) Notons en passant que le catalogue dressé pour la vente, à
Londres, d'une portion de la bibliothèque de M. Libri (1860, n° 968),
signale Beauregard comme ayant, dans son *Circulus Pisanus*, dès
1643 (et par conséquent avant les célèbres expériences de Pascal),
mentionné l'invention du baromètre et son application à la mesure
de la hauteur des montagnes; mais, vérification faite, il s'est trouvé
que le passage qui avait justement fixé l'attention et qui commence
ainsi : *Compertum enim est Aquam...,* était dans la seconde édition
du *Circulus* publiée en 1661, mais qu'il manquait dans celle
de 1643.

cant ab hac calumnia quidquid effectus contra liber impius *De tribus Impostoribus* omnia refundens in Dæmo-
nem potentiorem cujus ope magi alii aliis videntur præs-
tantiores quo etiam refertur illud fictum a Boccacio de
tribus annulis. »

Un jésuite, qui se fit remarquer par un savoir des plus
étendus, par une fécondité inépuisable et par une indé-
pendance d'esprit rare dans sa Compagnie, Théophile
Raynaud (1), disait de son côté (*in Hopoplot*, sect. II,
p. 259) : « Opus de tribus magnis impostoribus, Mose,
Christo, Mahomete, exitiale fuisse Wechelio, insigni
alias typographo, sed ejus libri pestifero attactu funditus
everso, referunt, quod legerunt fide digni testes, mihi in-
cestare oculos tam infandæ scriptionis lectione ad ingens
scelus videtur pertinere. »

Rien n'est venu confirmer que Wechel ait rien imprimé
de pareil, et il est possible que Raynaud ait eu en vue un
ouvrage d'Antonius Cornelius, jadis recherché, et où se
rencontrent quelques idées peu orthodoxes : *Exactissima
infantium in limbo clausorum querela adversus divinum judicium*. Wechel mit son nom sur ce volume,
imprimé en 1531, et à l'égard duquel nous renverrons à
Bayle (article Wechel), à David Clément (*Bibliothèque
curieuse*, t. VII, p. 302), à Schœlhorn (*Amœnitates
litterariæ*, t. V, p. 287).

Florimond de Raymond (c'est-à-dire le jésuite Richeomme) parlait de son côté, dans son traité *De Origine hæresium*, lib. II, cap. 16, avec indignation, du

---

(1) Les œuvres de Raynaud, publiées à Lyon en 1665 et années
suivantes, remplissent 20 volumes in-folio et renferment une cen-
taine de traités différents. Il y en a de curieux : *De triplici eunu-
chismo; De sanctis meretricibus ; De sobria alterius sexi frequenta-
tione per sacros et religiosos homines.*

livre qui nous occupe, et dont il ne mettait pas en doute
l'existence : « Nefandus ille libellus in Germania excusus
horribili titulo inscriptus, ex ipsis infernis faucibus libellum hunc eructatum, non argumentum solum, sed titulus
ostendit. » Il ajoutait que, dans son enfance, il l'avait vu
dans les mains de Pierre Ramus (Voir la dissertation de
la Monnoye); mais ces allégations sont regardées
comme très-peu dignes de foi.

En 1581, un docteur, partisan fougueux de la Ligue,
Gilbert Génébrard, parlait en termes assez vagues, il est
vrai, du *libellus,* comme ayant été mis en circulation.
Disputant avec un réformé (Lambert Daneau), il s'exprimait ainsi en ayant en vue les catholiques : « Non Blandratum, non Alciatum, non Ochinum ad Mahometismum
impulerunt; non Valleum ad Atheismi professionem
induxerunt (1); non alium quemdam ad spargendum
libellum De tribus impostoribus, quorum secundus esset
Christus Dominus, duo alii Moïses et Mahometes, pellexerunt. »

II

HYPOTHÈSES AU SUJET DE L'AUTEUR.

Il était fort difficile de se prononcer sur l'existence
d'un livre dont on ne connaissait que le titre accompagné
de quelques vagues rumeurs; il y avait impossibilité de
déterminer l'auteur d'un écrit contre lequel se serait

(1) Il s'agit de Geoffroy Vallée, dont nous disons plus loin quelques mots. Quant à George Blandrata et à Jean-Paul Alciati, ces
Italiens embrassèrent les doctrines de Socin, et se réfugièrent aux
extrémités de l'Allemagne; mais il n'est pas du tout prouvé qu'ils se
soient faits musulmans.

élevé le plus terrible des orages. Les conjectures allèrent
leur train, et les bibliographes, les littérateurs, qui s'oc-
cupèrent du livre dont nous parlons, mirent en avant des
noms, sans chercher d'ailleurs à justifier leurs allégations.
On s'attacha aux personnages qui, dès le commencement
du moyen âge, s'étaient fait remarquer par des principes
irréligieux, fort rares à cette époque.

L'empereur Frédéric Barberousse, mort en 1190, est
le premier qui se présente dans l'ordre chronologique :
ses querelles avec la cour de Rome, ses mœurs peu régu-
lières, jetèrent des doutes sur son orthodoxie. Le philosophe arabe Averroës, ou Ibn-Roschd, mort en 1198,
donna lieu aux soupçons par les sentiments hostiles qu'il
avait, disait-on, à l'égard de l'islamisme, aussi bien que
pour les doctrines de Moïse et pour la foi des chrétiens.
Selon M. Renan (1), qui a publié sur l'Averroïsme un
travail fort remarquable, la philosophie d'Averroës, interprétation très-libre de la doctrine d'Aristote, et inter-
prétée à son tour d'une façon plus libre encore, se rédui-
sit à ceci : Négation du surnaturel, des miracles, des
anges, des démons, de l'intervention divine; explication
des religions et des croyances morales *par l'imposture*.

Tous nos lecteurs n'ayant pas sans doute à leur dispo-
sition le savant travail de M. Renan, nous pensons leur
rendre service en transcrivant ici quelques lignes dans
lesquelles cet habile critique parle avec sa lucidité habi-
tuelle du sujet qui est l'objet de cette notice : « Ce n'est
pas sans quelque raison que l'opinion chargea Averroës
du mot des Trois imposteurs. C'est par leurs prétendues
impossibilités, et non par leur commune origine céleste,
qu'on rapprocha à cette époque les cultes divers. Cette

---

(1) *Averroès et l'Averroïsme*, 1855, in-8⁰.

pensée, qui poursuit comme un rêve pénible le treizième
siècle, était bien le fruit des études arabes et le résultat
de l'esprit de la cour des Hohenstaufen. Elle éclôt anonyme sans que personne ose l'avouer; elle est comme la
tentation, comme le Satan caché au fond du cœur de ce
siècle. Adopté par les uns comme un blasphème, recueilli
par les autres comme une calomnie, le mot des Trois imposteurs fut, entre les mains des moines mendiants, une
arme terrible toujours en réserve pour perdre leurs ennemis. Voulait-on diffamer quelqu'un, en faire dans l'opinion un nouveau Judas, il avait dit qu'il y avait eu trois
imposteurs... et le mot restait comme un stigmate...
Pour frapper davantage l'imagination populaire, le mot
devint un livre. Lorsque les travaux de Pierre le Vénéra-
ble et de Robert de Rétines sur le Coran, la croisade, les
livres de polémique composés par les dominicains eurent
donné une idée plus exacte de l'islamisme, Mahomet
apparut alors comme un *prophète*, fondateur d'un culte
monothéiste, et l'on arriva à ce résultat, qu'il y a au
monde trois religions, fondées sur des principes analogues et toutes trois mêlées de fables. C'est cette pensée
qui se traduisit dans l'opinion populaire par le blasphème
des *Trois Imposteurs*... L'Italie participait comme la
France à ce grand ébranlement des consciences. La
proximité de l'antiquité païenne y avait laissé un levain
dangereux de révolte contre le christianisme. Au commencement du onzième siècle, on avait vu un certain
Vilgard, maître d'école à Ravenne, déclarer que tout ce
que disaient les poëtes anciens était la vérité, et que
c'était là ce qu'il fallait croire de préférence aux mystères
chrétiens. Dès l'an 1115, on trouve à Florence une fac-
tion assez forte pour y provoquer des troubles sanglants.
Arnaud de Bresse traduisait déjà en mouvement politique

la révolte philosophique et religieuse. Arnauld de Villeneuve passait pour l'adepte d'une secte pythagoricienne
répandue dans toute l'Italie. Le poëme de la *Descente de
saint Paul aux enfers* parle avec terreur d'une société
secrète qui avait juré la destruction complète du christianisme. »

On a mis en avant le nom de l'empereur Frédéric II,
mort en 1250, et ceci est basé sur une assertion du pape
Grégoire IX, qui accuse ce monarque d'avoir avancé que
trois imposteurs avaient successivement abusé de la crédulité du genre humain (1). On prétendit que l'empereur n'avait pas lui-même écrit l'ouvrage qu'on lui
reprochait, mais qu'il l'avait fait composer par son chancelier Pierre des Vignes (2). Après avoir subsisté comme

---

(1) Transcrivons ici un passage de Voltaire (*Essai sur les mœurs
et sur l'esprit des nations*), quoiqu'il soit sans doute bien connu de
la plupart de nos lecteurs : « La Sardaigne était encore un sujet de
guerre entre l'empire et le sacerdoce, et par conséquent d'excom-
munications. L'empereur s'empara, en 1238, de presque toute l'île ;
alors Grégoire IX accusa publiquement Frédéric II d'incrédulité.
Nous avons la preuve, dit-il, dans sa lettre-circulaire du 1er juillet 1239, qu'il dit publiquement que l'univers a été trompé par
trois imposteurs, Moïse, Jésus-Christ et Mahomet; mais il place
Jésus-Christ fort au-dessous des autres, car il dit : Ils ont vécu
pleins de gloire, et l'autre n'a été qu'un homme de la lie du peuple
qui prêchait à ses semblables. L'empereur, ajoute-t-il, soutient
qu'un Dieu unique et créateur ne peut être né d'une femme, et
surtout d'une vierge. C'est sur cette lettre du pape Grégoire IX
qu'on crut dès ce temps-là qu'il y avait un livre intitulé *De tribus
Impostoribus* : on a cherché ce livre de siècle en siècle, et on ne l'a
jamais trouvé. » Ajoutons que la lettre de Grégoire IX se trouve
dans la *Collectio conciliorum*, éditée par le P. Labbe, tome XIII,
col. 1157 et suiv. Voir l'important ouvrage de M. de Cherrier : *Histoire de la lutte des papes et des empereurs de la maison de Souabe*,
2e édition, tome II, page 396.

(2) On sait que cet homme d'État était peu scrupuleux. Il fut

une vague rumeur, cette assertion a été, au commencement du dix-huitième siècle, énoncée et appuyée de
quelques arguments dans une dissertation anonyme que
nous reproduisons ici. Elle est toutefois regardée comme
dénuée de fondement, et nous ajouterons que Frédéric
repoussa avec beaucoup d'énergie l'accusation que le
pape dirigeait contre lui, et dont la gravité était bien
effrayante au treizième siècle. On peut consulter à cet
égard les *Epistolœ Petri de Vineis* (lib. I, ch. xxxi),
plusieurs fois réimprimées (Haganoœ, 1539; Basileœ,
1566; Ambergæ, 1609; Basileæ, 1740, 2 vol. in-8°).
Remarquons aussi que l'empereur ne fut pas le seul
contre lequel se formula l'inculpation qu'articulait le pontife. Un auteur du treizième siècle (Thomas de Cantim-
pré; *l'Histoire littéraire de la France*, t. XIX, p. 477,
lui a consacré une notice) avance, dans l'ouvrage allégo-
rique et mystique qu'il a intitulé *Liber de proprietati-
bus apum,* qu'il existait à Paris un professeur qui ensei-
gnait à ses élèves que Moïse, Jésus et Mahomet avaient
été trois imposteurs. Nous doutons fort qu'un professeur
eût porté alors l'audace, s'il avait eu de pareils sentiments, jusqu'à les laisser percer devant ses écoliers; le
châtiment eût été exemplaire.

accusé d'avoir voulu empoisonner l'empereur; celui-ci lui fit crever
les yeux, et le chancelier, dans un accès de désespoir, se brisa la
tête contre un mur de sa prison. Le suicide était alors chose à peu
près sans exemple. Voici d'ailleurs en quels termes Frédéric s'exprime au sujet de l'accusation portée contre lui : « Inseruit falsus
Christi vicarius fabulis suis nos christianæ fidei religionem recte
non colere ac dixisse tribus seductoribus mundum esse deceptum,
quod absit de nostris labiis processisse cum manifeste confiteamur
unicum Dei filium esse... » Malgré ses protestations, Frédéric paraît
avoir été fort incrédule; des écrivains de l'époque attestent qu'il ne
parut à Jérusalem que pour s'y moquer ouvertement du christianisme.

Un moine napolitain, penseur audacieux, Th. Campanella, fut soupçonné d'avoir écrit le *Traité des trois imposteurs*. Il voulut se justifier en avançant que ce livre avait été imprimé trente ans (1) avant sa naissance (c'est-à-dire en 1558); mais cette assertion est-elle bien digne de foi? Rien n'est venu la confirmer. Guillaume Postel faisait mention, en 1543, d'un traité *De tribus Prophetis*, qu'il attribuait à Servet; il a lui-même été soupçonné d'avoir composé cet ouvrage; il en avait du moins reproduit quelques idées dans un des écrits qu'il a fait imprimer : *De orbis concordia* (2), œuvre d'un génie inquiet, mais puissant, qui a été analysée avec soin

(1) « Deinde accusarunt me quod composuerim librum De tribus impostoribus qui tamen invenitur typis excusus annos triginta ante ortum meum ex utero matris. » On trouve des détails sur Campanella dans Brucker, *Hist. crit. philosophiæ*, t. V, p. 106-144; dans l'*Histoire de la philosophie* de Buhle (trad. française, t. II, p. 749-770); dans le *Dictionnaire des sciences philosophiques*, t. I, p. 421-424; dans l'*Hist. des sciences mathématiques en Italie*, par M. Libri, t. IV, p. 149. M. Pierre Leroux lui a consacré un article remarquable dans l'*Encyclopédie nouvelle*. Voir enfin une thèse de M. Dareste, présentée en 1843 à la faculté de Paris : *Thomas Morus et Campanella;* et une notice écrite par madame Louise Collet, insérée dans la *Revue de Paris*, 4e série, t. II, p. 124-184, et reproduite en tête de la traduction française des *OEuvres choisies de Campanella*, Paris, 1844, in-18.

(2) Postel fut un visionnaire, mais les extravagances qu'il débite, les chimères après lesquelles il court, n'empêchent pas de reconnaître chez lui une érudition extraordinaire, un esprit éminemment chercheur et hardi. Dans un autre siècle il eût été un grand homme. Nodier a pu dire que Leibnitz n'avait pas été plus savant, ni Bacon plus universel. Il avait deviné le mesmérisme, et l'on a vu de nos jours quelques-unes de ses idées reproduites avec les variantes qu'amène nécessairement le cours des siècles. L'apostolat de la femme, prêché depuis par les Saint-Simoniens, fut une de ses préoccupations les plus vives.

dans le *Dictionnaire des sciences philosophiques*
(1851, t. VI, p. 183). On a mis en avant les noms de
Machiavel, de Rabelais, d'Erasme, d'Etienne Dolet, brûlé
à Paris en 1546 ; de Giordano Bruno, brûlé à Rome en
1601 ; de Jules César Vanini, brûlé à Toulouse en 1616 ;
mais ces allégations vagues manquent de toute apparence de preuves.

Quelques autres écrivains, reculant de plusieurs siècles
la composition de ce traité célèbre, l'ont mis sur le
compte de Boccace, auteur dont l'orthodoxie n'est pas
irréprochable (1).

Campanella pensait que le véritable auteur était peut-
être le Pogge, qui, bien que secrétaire du pape, était peu
dévot et très-libre en ses propos, ainsi que le prouve le
recueil des *Facetiæ* imprimé sous son nom ; mais Campanella ne paraît pas avoir beaucoup tenu à cette opinion, car H. Ernst, dans ses *Observationes variæ*,
avance que le moine calabrais lui indiqua, à Rome, Muret
comme l'auteur du livre en question : or ceci ne s'ac-
corde nullement avec l'impression du livre trente ans

----

(1) L'auteur anonyme (mais on sait que c'est M. Algernon Herbert) d'un ouvrage anglais, savant et paradoxal, *Nimrod, a discourse
on certain passages of History and Fable* (London, 1828-30, 4 vol.
in-8o), fait observer que les trois premières nouvelles du *Decame-
ron* enseignent des sentiments peu orthodoxes. La troisième, où est
racontée l'histoire des trois anneaux, a paru suspecte ; elle était
d'ailleurs fort répandue au moyen âge ; on la retrouve dans les
Gesta Romanorum, cap. 89, dans le *Novellino antico*, p. 72 ; Lessing
s'est servi de cette donnée dans sa pièce de *Nathan le Sage*, un des
chefs-d'œuvres de la scène allemande. L'idée première de ce conte
paraît d'origine juive (Voir un curieux article de M. Michel Nicolas
dans la *Correspondance littéraire*, 5 juillet 1857.) Ajoutons qu'un
autre ouvrage de Boccace, la *Genealogia deorum*, est rempli de
détails qu'on ne trouve pas ailleurs et qui semblent provenir de
sources gnostiques.

avant la naissance de Campanella; Muret, né en 1526,
n'avait que douze ans en 1558. D'un autre côté, on a
prononcé le nom du capucin Ochin, qui, quittant le ca-
tholicisme, embrassa les principes de la réforme; mais,
tout en poursuivant de ses arguments et de ses sarcasmes
l'Eglise dont il était déserteur, Ochin ne repoussa jamais
les dogmes fondamentaux du christianisme. Cette assertion, que nous ne trouvons que dans un écrivain du dix-
septième siècle (1), nous paraît donc privée de tout fondement. Nous en disons autant de celle qui concerne
l'Arétin. Le trop célèbre auteur des *Ragionamenti* et des
Sonetti lussuriosi poussa la licence jusqu'à un degré
inconnu jusqu'alors; mais il était incapable d'aucune
vue philosophique profonde, et, tenant par-dessus tout à
vivre tranquille et à gagner de l'argent, il employa la
plume qui avait tracé les aventures de la Nanna et de la
Pippa à écrire des livres de dévotion (2).

(1) C'est un Anglais, Thomas Browne, qui, dans sa *Religio medici*, sect. 19, a parlé d'Ochin. Imprimé pour la première fois en
1642, cet ouvrage a eu des éditions nombreuses; la meilleure est
celle de Londres, 1735, avec une vie de l'auteur écrite par le docteur
Johnson.

Il existe de ce livre des traductions latines et une version française (par N. Lefebvre), 1668, qui n'est qu'un tissu de contre-sens
délayés dans un style illisible. On peut consulter sur Browne
l'*Edinburgh review*, octobre 1836; la *Revue des Deux-Mondes*, avril
1858; l'*Analecta biblion* de M. Du Roure, t. II, p. 196.

(2) Si l'Arétin n'avait écrit d'autres ouvrages que la *Passione di
Giesù*, *Il Genesi* e *l'humanità di Christo*, etc., son nom serait oublié
depuis longtemps. M. E. de la Gournerie a donné, dans l'ancienne
Revue européenne, t. III, p. 297, un article sur ces livres pieux, qui
ont été traduits en français. Une de ces versions porte un titre qui
paraît aujourd'hui bizarre : *La Passion de Jésus-Christ vivement
décrite par le divin engin de Pierre Arétin* (Lyon, 1539). On comprend qu'engin se prend ici dans le sens de génie, talent, *ingenio*;
plus tard on donna à ce mot un autre sens, ainsi que le prouve une

Le philosophe italien Pomponnace, mort en 1524, figure parmi les auteurs auxquels on a attribué, sans aucune preuve, l'ouvrage qui nous occupe. On sait que ce penseur hardi se montrait favorable au matérialisme et hostile à l'Eglise. Ses ouvrages furent brûlés à Venise; mais l'auteur dut à l'indulgence de Léon X et à la protection de quelques cardinaux l'avantage de mourir tranquille. Parmi divers passages de ses écrits qui ont provoqué des colères, nous n'en transcrirons qu'un seul, emprunté à son *Tractatus de immortalite animæ* (1534, in-12, p. 121) : « Ad quartum, in quo dicebatur quod fere totum universum esse deceptum, cum omnes leges ponant, animam immortalem esse. Ad quod dicitur, quod si totum nihil sit, quam suæ partes, veluti multi existimant, quum nullus sit homo, qui non decipiatur, ut dixit Plato in de Republica, non est peccatum, illud concedere, immo necesse est, concedere aut quod totus mundus decipitur, aut saltem maior pars, supposito, quod sint tantum tres leges, scilicet Christi, Moysis et Mahometis. Aut igitur omnes sunt falsæ, et sic totus mundus est deceptus, aut saltem duæ earum, et sic maior pars est decepta. »

On a parlé aussi d'un ami de l'Arétin, Fausto da Longiano, qui s'était proposé d'écrire, sous le titre du *Temple*

---

très-curieuse *Mazarinade : Imprécation contre l'engin de Mazarin*, 1649. Lors même qu'il écrivait pour des couvents, l'Arétin se souvenait un peu des ouvrages qu'il composait pour d'autres lieux. Dans son livre sur la Genèse, il trace des charmes d'Ève un portrait qui n'est point dans le texte hébreu. « Ses cheveulx respiroient le « le nectar et l'ambroisie. Avec les tresses pendantes sur ses épaules, « elle ne se soucioit des mamelles mises en l'ivoire de son estomach « comme joyaulx de la belle nature. » (Voir la traduction française, « Lyon, 1842). La morale indulgente de l'auteur le porte à excuser la conduite de Loth et de ses filles.

de la vérité, un livre très-hardi, très-hétérodoxe, ainsi
qu'il l'annonce lui-même dans une lettre qu'il adressait
au célèbre satirique, et qui est imprimée dans sa correspondance. Un passage de cette lettre se trouve dans la
dissertation de la Monnoye que nous réimprimons. On
comprend que de très-puissantes raisons ont empêché la
publication du *Tempio della verita*, en admettant que
cet ouvrage ait été écrit. Nous avons inutilement cherché
à nous procurer quelques renseignements sur ce Fausto.
Longiano est une très-petite ville des ci-devant Etats
romains, près de Forli.

Le nom de Cardan a été prononcé; ce personnage,
aussi érudit que bizarre, et dont les écrits présentent un
mélange de scepticisme et de crédulité assez fréquent au
seizième siècle, n'a pas craint de comparer ensemble le
paganisme, le judaïsme, le mahométisme et le christianisme, et, après les avoir opposés les uns aux autres, sans
dire auquel il a foi, il termine en s'écriant : « His igitur
arbitrio victoriæ relictis; » laissant ainsi au hasard à
décider à quelle religion restera la victoire. Plus tard, il
est vrai, il adoucit ce passage ; mais il s'était déjà attiré,
de la part de Scaliger notamment, l'accusation d'a-
théisme (1).

(1) L'édition des *Opera Cardani*, Lyon, 1663, 10 vol. in-folio,
contient 222 ouvrages différents. Tous les historiens de la philosophie ont apprécié cet homme de génie, un peu fou. Naigeon lui a
consacré un long article dans l'*Encyclopédie méthodique* (*Dictionnaire de philosophie*, t. II, p. 875-940). M. Franck en a fait l'objet
d'un mémoire lu en 1844 à l'Académie des sciences morales et politiques. En Angleterre on s'en est préoccupé. Nous signalerons un
article du *Retrospective Review*, t. I, p. 95-112; un autre dans le
London Quarterly Review, octobre 1854; sa vie a été écrite par
M. Grosley (1836, 2 vol. in-8°), et par M. Morley (1854, 2 vol. in-8°).
J. Mantovani en avait publié une en italien, Milan, 1821, in-8°.

Il a été question de Pierre de la Ramée ou Ramus, fameux par ses attaques contre Aristote, et qui fut accusé d'irreligion, par suite de la hardiesse avec laquelle il attaquait la vieille philosophie qui dominait dans les écoles (1).

Un capucin, le père Joly, avance dans le troisième volume de ses *Conférences sur les mystères*, qu'un huguenot, Nicolas Barnaud, fut excommunié, en 1612, pour avoir composé un écrit *De tribus Impostoribus*. Il s'agit de Nicolas Barnaud de Crest, auquel on a attribué un ouvrage curieux, *le Cabinet du roy de France, dans lequel il y a trois pierres précieuses*, 1581, et qui passe aussi pour l'auteur du *Miroir des François*, 1582, livre qui réclame des réformes dont l'accomplissement se fit attendre deux siècles (2), et qui n'ont point toutes passé dans le domaine des faits : cet écrit demande le mariage des prêtres, la réunion de la Belgique et du Milanais à la France; il eût tombé plus juste, en se pro-

M. de Humboldt a jugé quelques idées de Cardan dignes d'être citées. (*Cosmos*, trad. franç., t. II, p. 563.)

(1) Voir l'article Ramée dans le t. V du *Dictionnaire des sciences philosophiques*, p. 349-356, et le livre de M. Ch. Waddington, *Ramus, sa vie, ses écrits et ses opinions* (Paris, 1855). M. Renan a rendu compte de ce travail dans le *Journal des Débats*, 2 juin 1855. Brucker, dans son *Historia critica philosophiæ*, t. V, p. 548, est très-complet. M. Bartholmess annonçait, il y a longtemps (dans une lettre insérée au *Journal de l'Instruction publique*, 21 janvier 1846), l'intention de donner une édition des œuvres complètes de Ramus ; sa mort prématurée a empêché la réalisation de son projet. Terminons en disant que M. Feugère a consacré à Ramus une notice qui se trouve p. 379-395 du livre de lui écrit intitulé : *les Femmes poëtes au seizième siècle*.

(2) Voir le *Conservateur*, août 1757, p. 230-237. Delisle de Sales a donné de longs détails sur cet écrit dans son livre intitulé : *Malesherbes*, 1803, p. 202-247. Consultez aussi Chénier, *État de la presse*, page 61.

c

nonçant pour la sécularisation des biens du clergé, pour
l'établissement d'une garde nationale, et pour l'annexion
du Comtat d'Avignon. Alchimiste et voyageur infati-
gable, Barnaud, dont la vie est fort peu connue, était
hardi dans ses pensées, mais il y a lieu de douter de ce
qu'a avancé le capucin à son égard.

L'écrivain le plus moderne dont on ait cru devoir s'occuper, c'est Milton, mort en 1674 ; mais on ne peut songer sérieusement à établir que l'auteur du *Paradis perdu*
ait composé un ouvrage dont il était question bien longtemps avant qu'il fût né, et qui eût été en désaccord
complet avec ses principes, où dominait un puritanisme
républicain basé sur la lecture de la Bible.

Parmi les écrivains connus comme libres penseurs et
auxquels on aurait pu encore attribuer le *Liber de tribus Impostoribus*, nous n'avons pas rencontré Bona-
venture des Périers ; on sait que cet écrivain spirituel se
suicida dans l'hiver de 1542 à 1543, après avoir fait imprimer en 1537 le *Cymbalum mundi*, livre aussitôt
poursuivi par le Parlement, comme contenant de grands
abus et hérésies. Nous n'avons pas besoin de redire que
l'imprimeur Morin fut mis en prison « et détenu en grande
pauvreté, » et que l'édition originale fut supprimée avec
tant de soin, qu'on n'en connaît plus qu'un ou deux
exemplaires.

Récemment le *Cymbalum* a eu deux éditions nouvelles, revues, l'une par M. Paul Lacroix (Paris, Gosselin, 1841), l'autre par M. Louis Lacour (dans le tome Ier
des œuvres de B. Des Périers, Jannet, 1856). Eloi Johan-
neau retrouva la clef des noms des interlocuteurs cachés
sous le voile de l'anagramme.

« Dans le second dialogue surtout, dit M. Lacour,
l'auteur tourne en ridicule toutes les croyances reconnues

.de son temps ; le Christ, déjà par lui transformé en fripon, va se voir maintenant proclamé tel ; Luther, chef
de la Réforme, n'est pas représenté d'une façon moins
satirique : catholiques et protestants tombent dans le
même sac ; Des Périers se joue également des uns et des
autres. » La Monnoye avait deviné l'allégorie, et il avait
exprimé sa pensée avec toute la netteté qu'il pouvait se
permettre : « Si j'osais débiter ici mes soupçons, je dirais
qu'on prétend ici ridiculiser celui qui nous apporta, des-
cendant des cieux, la vérité éternelle ; je dirais que la
suite du discours de Trigabus est une raillerie impie et
outrée de ce que cette vérité a opéré. »

Nous n'avons pas besoin d'insister ; il est évident que
si le *Liber de tribus Impostoribus* à réellement été
imprimé en 1558, comme l'affirme Campanella, on pourrait avec quelque vraisemblance le mettre sur le compte
de **Des Périers**, qui y aurait développé avec plus de netteté la thèse qu'il voilait à dessein dans le *Cymbalum*,
lequel pouvait, aux yeux des myopes, passer pour une
raillerie dirigée contre le paganisme. Mercure, Cupidon
et autres divinités mythologiques figuraient dans ces
récits, circonstance qui se retrouve également dans le
fameux ouvrage de Giordano Bruno, et qui s'explique
sans la moindre peine. Les coups portés à Jupiter, à
Saturne, allaient au delà.

III

OPINIONS DE QUELQUES CRITIQUES MODERNES AU SUJET DU LIBER DE TRIBUS IMPOSTORIBUS.

Un des écrivains qui ont manié avec le plus de bonheur
les ressources de la langue française, un bibliophile fer-

vent, Ch. Nodier, a, dans ses *Questions de littérature
légale* (1828, p. 126), résumé judicieusement ce qu'on
sait, ou plutôt ce qu'on ne sait pas à l'égard du fameux et
introuvable traité qui fait l'objet de nos recherches :

« Le titre seul avait existé durant des siècles; un mot
d'un prince célèbre en avait pu fournir l'idée, mais
aucune plume ne dut en hasarder l'exécution à une
époque où pareille liberté aurait été par trop dangereuse.
Sur le bruit qui s'en était répandu dans une classe de
gens de lettres, on lui prêta une réalité impossible; on
alla jusqu'à nommer les imprimeurs qui l'avaient publié
et qui donnèrent quelque lieu à cette accusation comme
incrédules et comme gens habiles, les Wechel entre
autres; mais ce fut sans étayer cette opinion d'aucune
autorité suffisante. Que penser alors des exemplaires de
ce traité qui sont actuellement connus et dont la date se
rapporte assez bien à l'époque où il a dû paraître, suivant
toutes les hypothèses? Cette découverte ne détruit-elle
pas les raisonnements les plus spécieux, et reste-t-il
quelque chose à dire contre l'existence d'un livre qui
se reproduit dans plusieurs catalogues de suite?

« Ce problème exige une solution double. Oui, il
existe un traité *De tribus Impostoribus*, dont les exemplaires sont extrêmement rares ; non, le traité *De tribus
Impostoribus*, qui a occupé les bibliologues du dix-
septième siècle, n'existe pas. »

Nodier ajoute qu'il a possédé dans son enfance un
exemplaire de ce livre entièrement conforme à la description qu'on donne de ceux qui ont passé dans les ventes :
c'était un petit in-8º de 46 pages et deux pour le frontispice, imprimé en saint-augustin romain, sur un papier de
très-peu de consistance, vieux, brun et peut-être un peu
bistré; il portait, sans autre indication, la date de 1598,

que certains bibliographes ont regardée, à cause de l'apparence moderne de l'impression, comme figurant celle de 1698. Il n'est peut-être pas plus de cette dernière que de l'autre, quoiqu'il y ait bien quelque raison pour que la supposition en ait lieu à cette époque. La reine Christine de Suède avait offert, quelques années auparavant, trente mille livres à quiconque pourrait lui en procurer un exemplaire, et c'était un motif d'émulation très-capable d'exciter l'industrie des éditeurs. Ensuite, la liberté d'esprit, et en certains pays celle de la presse, étaient alors à leur comble. La Hollande et l'Allemagne regorgeaient de hardis réfugiés pour qui ce travail aurait été un jeu, et l'impression de ce livre n'aurait pas alors offert beaucoup plus d'obstacles que celle des audacieuses théories de Hobbes et de Spinosa.

Il est bien certain cependant que le traité *De tribus Impostoribus* ne fut jamais livré à la reine Christine, et il est malaisé de croire que s'il eût été imprimé dès lors au plus petit nombre possible d'exemplaires, il n'en fût pas parvenu quelque chose à La Monnoye, dont la dissertation n'a dû paraître que quelques années après.

Comment aussi expliquer que ce livre ait échappé aux recherches des savants et laborieux bibliographes du dix-huitième siècle, des Prosper Marchand, des Sallengre, des David Clément, des Bauer, des Vogt, des De Bure, et de tant d'autres, et qu'il ne se soit rencontré dans aucune de ces immenses et curieuses bibliothèques dont nous avons les catalogues?

Il passe pour certain en Allemagne, il a été affirmé dans divers ouvrages (la *Bibliotheca historiæ litterariæ selecta* de Jugler, t. III, p. 1665) que le volume de 46 pages ayant la date de MDIIC a été imprimé en 1755, aux frais et par les soins d'un libraire de Vienne, Straub;

il en vendit quelques exemplaires au prix de 20 pièces
d'or et plus, et il fut pour ce fait jeté et longtemps détenu
dans les prisons de Brunswick.

Si l'édition supposée du seizième siècle était réelle, et
qu'on pût l'attribuer à Dolet, à Henri Estienne, et même
à Postel, elle joindrait alors au mérite d'une rareté
extraordinaire quelques autres avantages, particulière-
ment celui de nous conserver les sentiments d'un écrivain
distingué, et celui de résoudre une question de bibliographie très-célèbre.

M. le marquis du Roure, *Analecta biblion,* t. I, p, 422,
analyse l'écrit daté de 1598, d'après une copie faite par
un laborieux bibliographe, l'abbé Mercier de Saint-Léger,
copie qu'il possédait. Il pense que La Monnoye, après
avoir réfuté sans peine ce qu'avançait Arpe, sur l'autorité
d'une anecdote puérile, est allé trop loin en niant l'existence d'un traité *De tribus Impostoribus* antérieur
à 1716. « Quelle que fût l'animosité de Frédéric II contre
la puissance pontificale, il est ridicule de prêter à cet empereur, ainsi qu'à son chancelier, un ouvrage qu'aucune
tête humaine n'aurait pu concevoir en 1230, ouvrage où
d'ailleurs la touche moderne se trahit à chaque phrase.
Cependant il faut bien accorder qu'un pareil livre a pu
exister vers 1553, comme l'assurent Guillaume Postel et
le jésuite Richeomme sous le nom de Florimond de Rémond. Comment le monde érudit se fût-il mépris à ce
point de chercher partout l'auteur d'un livre qui n'eût pas
existé, de l'attribuer tour à tour à Boccace, à Servet, au
Pogge, à l'Arétin et à tant d'autres? Quoi, tant de bruit
pour rien! tant de fumée sans feu! Cela n'est pas possible. »

M. Renouard, possesseur d'un exemplaire dont nous
parlerons dans le paragraphe suivant, consacre, dans le
Catalogue de la bibliothèque d'un amateur (1818, t. I,

p. 119), une longue note à ce traité. Après avoir réfuté
le récit trop légèrement admis dans le *Dictionnaire des
anonymes,* et d'après lequel l'abbé Mercier de Saint-
Léger aurait fabriqué ce livre, il ajoute : « Il est très-
probable que ce livre a été imprimé ou à sa date de 1598,
ou, ce que je croirais assez, dans le cours du siècle suivant. Au reste, ce tant précieux joyau, ce pamphlet de
vingt louis, n'est à considérer que comme rareté bibliographique. C'est une longue argumentation en assez
mauvais latin dans laquelle on veut prouver que Moïse et
Mahomet, le premier surtout, étaient d'insignes imposteurs, que les livres des Juifs ne sont pas d'inspiration
divine, même au témoignage de saint Paul, dont on rapporte plusieurs passages. Quant à Jésus-Christ, qui évidemment est le troisième que désigne l'intitulé du livre,
on n'en dit cependant que peu de chose ; il semble que
l'auteur n'ait pas osé. Une phrase reproche de pieuses
fraudes à ceux qui ont établi la religion chrétienne sur
les ruines du judaïsme, et cette phrase même paraît entor-
tillée à dessein. D'un autre côté, on témoigne un grand
respect pour l'Évangile. Enfin, c'est l'ouvrage d'un
homme que sans doute on eût brûlé s'il avait avoué son
livre, mais qui professe le déisme, et qui n'est ni plus ni
moins impie que beaucoup de gens de nos jours, qui se
croient les personnes les plus irréprochables en matière
de religion. »

Il est à regretter que, limité sans doute par les exigences du cadre où il se renfermait, l'oracle de la bibliographie, l'auteur du *Manuel du Libraire,* n'ait consacré
au traité en question qu'un court article où il réfute
l'anecdote déjà combattue par M. Renouard, mais sans
aborder aucunement les questions qui se présentent. Nous
avions espéré que dans la cinquième édition du *Manuel*

du libraire, M. J.-Ch. Brunet aurait discuté, avec toute la sûreté de ses connaissances bibliographiques les questions qui se rattachent à ce point obscur de la science des livres ; malheureusement cette édition se borne à reproduire ce qu'on lisait dans les précédentes, en y joignant l'indication de l'impression de 1860 (J. Gay).

IV

OUVRAGES EXISTANT AUJOURD'HUI ET INTITULÉS :
DES TROIS IMPOSTEURS.

1° Ouvrages en latin.

Une édition datée de MDIIC (1598), petit in-8° de 46 pages, est indiquée au *Manuel du libraire*, lequel ajoute qu'on n'en connaît avec certitude que trois exemplaires : celui porté au catalogue d'un célèbre amateur hollandais, Crevenna, dont la bibliothèque fut vendue en 1790 (1) ; celui qui, en 1784, à la vente du duc de La Vallière, fut payé 474 livres (2) (somme énorme à cette époque, où les livres rares étaient loin d'avoir la valeur qu'ils ont acquise depuis) ; enfin l'exemplaire de M. Renouard ; ce dernier est indiqué, au *Catalogue* de la bibliothèque de cet amateur (1818, 4 vol. in-8°), t. I, p. 118, comme ayant

(1) Il paraît que cet exemplaire ne fut pas vendu, soit qu'il n'ait point paru aux enchères, soit qu'il ait été retiré. On ignore ce qu'il est devenu.

(2) Cet exemplaire, acheté par la Bibliothèque du roi, y est encore aujourd'hui, et nous donnons ici son texte même, rectifié au moyen de quelques variantes de l'édition de Leipzig, que nous mettons entre crochets. L'exemplaire présente 27 lignes à la page et est exactement conforme à la description de ce volume faite par Nodier. V. p. 20 de la présente notice.

été acheté en 1812, à la vente des livres du professeur
Allamand, qui avait écrit en tête que ce volume lui avait
été donné à Rotterdam en 1762 (1).

D'après Barbier (*Dictionnaire des anonymes*), et
d'après le *Manuel du libraire*, cette édition aurait été
imprimée à Vienne, en 1753, par P. Straube. Ce typo-
graphe aurait pris pour base quelques-uns des manuscrits
qui circulaient depuis assez longtemps, car en 1716,
l'un d'eux fut acheté au prix de quatre-vingts impériaux
à la vente de la bibliothèque de J.-Frédéric Mayer, à
Berlin, pour le prince Eugène de Savoie. Prosper Marchand, qui signale cette circonstance dans son *Dictionnaire historique* (1724), rapporte les premiers mots de
ce manuscrit, et ce sont ceux qu'on lit dans le volume
daté de 1598.

On a dit que la bibliothèque de Dresde possédait un
quatrième exemplaire, mais, d'après l'ouvrage de M. Falkenstein (*Beschreibung der kœniglichen œffentlichen
Bibliothek zu Dresden*, 1839, p. 503), il ne s'agit que
de la réimpression sans lieu ni date faite à Giessen en
1792 (chez le libraire Krieger), et dont il n'a circulé
qu'un nombre extrêmement restreint d'exemplaires, l'édition entière ayant été saisie et mise sous les scellés dans
une salle de l'université de Giessen; elle s'y trouve encore,
selon M. Falkenstein. Cette édition a d'ailleurs 64 pages;

(1) En 1854, à la vente des livres de M. Renouard, le volume en
question fut adjugé à 140 fr. (n° 186 du catalogue). Il a passé dans
la riche bibliothèque formée par le prince Michel Galitzin, et qui
fait partie du musée établi à Moscou dans l'hôtel de cette famille
illustre. Il est indiqué au n° 186 (p. 59) du catalogue de cette belle
collection de livres rares et précieux, rédigé par M. Gunsbourg, et
publié à Moscou en 1866. M. le marquis Du Roure (bibliographe
parfois peu exact) avance à tort que l'exemplaire La Vallière est
celui qui avait passé dans le cabinet Renouard.

elle se distingue donc au premier coup d'œil de celle qui
en a 46, et elle a pour titre : *Zwei seltene antisuper-
naturalitische manuscripte.*

Le texte latin a été, depuis une trentaine d'années
(en 1833), publié de nouveau en Allemagne ; un écrivain
laborieux, le docteur F.-W. Genthe, auquel on doit,
entre autres savants ouvrages, un essai curieux sur la
poésie macaronique (1), l'a fait réimprimer à Leipzig,
d'après deux manuscrits différents, et en y joignant une
notice dont nous avons fait usage, mais à laquelle nous
avons ajouté bien des choses. Ce texte de l'édition de
1833 est malheureusement incomplet des quatre dernières pages de l'édition de 1598, que nous rétablissons
intégralement dans l'édition présente. En 1846, un autre
bibliographe, résidant habituellement à Zurich, M. Emile
Weller, a livré derechef à la publicité le texte latin, en y
joignant une traduction allemande. Se plaçant d'ailleurs
à un autre point de vue que ses devanciers, M. Weller
croit que le volume daté de 1598 a été réellement imprimé à cette date. L'impression ne lui paraît nullement
moderne, et il pense que cette impression a devancé les
manuscrits qui se sont répandus plus tard, et dont l'un
a servi à la réimpression faite par Straube, laquelle,
supprimée avec soin, est devenue introuvable.

Voilà donc au moins quatre éditions successives mises
au jour par la typographie germanique, batave ou suisse,
d'une production qui n'est sans doute pas le traité dont

---

(1) M. Raynouard a rendu compte de cet ouvrage dans le *Journal
des Savants*, décembre 1831, et M. J.-Ch. Brunet, dans la préface de
son édition des *OEuvres françaises* d'Alione d'Asti, avance que, malgré quelques erreurs et omissions, c'est un livre curieux qui manquait à l'histoire littéraire. Il a d'ailleurs été effacé par le travail
bien plus étendu de M. O. Delepierre : *Macaroneana*, 1852, in-8°.

ont parlé les auteurs du dix-septième siècle, mais qui
n'est cependant pas indigne d'être counue. Les éditions
récentes, étant très-peu répandues en France et étant
accompagnées d'explications en une langue connue de
peu de personnes, sont, pour notre public, à peu près
comme si elles n'étaient pas.

Plusieurs critiques (MM. Genthe et Weller entre autres) n'hésitent pas à croire que le texte latin, tel qu'il
est imprimé, a pu être rédigé au seizième siècle, mais
l'incorrection du style, le défaut de liaison philosophique
dans les idées, sont des motifs suffisants pour constater
qu'il n'est sorti de la plume d'aucun des écrivains dont
le nom a été mis en avant (1). On peut croire que c'est
l'œuvre d'un homme qui avait étudié l'histoire, qui avait
voyagé, et que les querelles religieuses dont la Réforme
fut le point de départ avaient jeté dans le scepticisme. Il
traça pour lui-même ses idées sur le papier. Le seizième
siècle fit un grand nombre de ces libres penseurs qu'on
appelait des Lucianistes (miram ejusmodi hominum fuisse
frequentiam, qui Lucianistæ dicti sunt, eo quod omnes
religiones derideant; ainsi s'exprime Florimond de Rémond). Peut-être l'ouvrage fut-il altéré, interpolé, en
circulant manuscrit; on remarquera qu'il y est fait mention de saint Ignace, qui ne fut canonisé qu'en 1622
(An vero credendum est quia bonæ fœminunculæ Franciscum, Ignatium, Dominicum et similes tanto cultu

_____

(1) Les écrivains modernes qui se sont le mieux exprimés en
latin, Facciolati, Ruhnkenius, Wyttenbach, sont bien au-dessous de
Muret. On ne saurait donc s'arrêter un instant à l'idée que cet
auteur si élégant ait eu la moindre part au *libellus* que nous reproduisons. D'autres observations pourraient aussi s'appliquer à chacun
des noms qui ont été prononcés, mais il serait très-superflu de les
placer ici.

prosequantur...). Une longue tirade sur la religion mo-
saïque est, aux yeux de M. Genthe, un morceau ajouté
après coup et qui n'est pas naturellement à sa place.

Vers le commencement du dix-huitième siècle, les
assertions, jusqu'alors bien vagues, au sujet du *Liber de
tribus Impostoribus*, commencèrent à se préciser.

Pierre-Frédéric Arpe, qui avait fait paraître, en 1712,
une apologie de Vanini, publia, en 1716, une réponse à
la dissertation de la Monnoye, et il s'annonça comme
possesseur de l'ouvrage qui faisait tant de bruit.

Il raconte qu'étant, en 1706, chez un libraire à Franc-
fort-sur-Mein, il y rencontra un officier allemand qui
voulait vendre un imprimé italien (1) et deux manuscrits
latins dont il s'était rendu maître au pillage de Munich,
après la bataille de Hochstett, et dont il demandait cinq
cents rixdales (deux mille francs environ). Arpe, ayant
fait boire cet officier, obtint que l'un des deux manuscrits, le fameux traité *De tribus Impostoribus*, lui fût
prêté; il promit, avec un serment solennel, qu'on ne le
copierait pas; mais il crut transiger avec sa conscience
en prenant le parti de le traduire. Cette version ayant
promptement été faite, avec l'aide d'un ami, il rendit le
manuscrit, qui fut, avec les deux autres volumes, payé
cinq cents rixdales (le prix demandé) par un prince de la
maison de Saxe.

Arpe donne ensuite un aperçu de ce livre, divisé, selon
lui, en six chapitres, et sa prétendue traduction a depuis
été imprimée, mais elle n'a aucun rapport, ni pour l'étendue, ni pour la division, ni pour le fond des idées, avec
l'ouvrage latin, que certainement Arpe n'a point vu.
D'ailleurs on ne connaît de cet Allemand aucun ouvrage

(1) Le *Spaccio de la Bestia trionfante*, de Giordano Bruno.

écrit en français, de sorte qu'il n'est pas très-sûr qu'il ait
rédigé lui-même la dissertation qui a paru sous son nom.
Nous la reproduisons d'ailleurs comme une des pièces de
ce procès, et nous y joignons la réplique que la Monnoye
lui opposa.

2° Ouvrages en français et en autres langues.

Il existe un ouvrage en langue française intitulé :
Traité des trois Imposteurs; il a été réimprimé plusieurs fois, et cependant il ne se trouve pas bien facilement. Ce livre n'est d'ailleurs pas autre chose que celui
qui circulait en manuscrit au commencement du dix-huitième siècle sous le titre d'*Esprit de Spinosa,* et qui,
attribué à un médecin de La Haye nommé Lucas, subit
diverses modifications; imprimé en 1719 à la Haye, il fut
brûlé en grande partie, d'après Prosper Marchand (*Dictionnaire historique,* t. I, p. 325); le *Manuel du libraire* donne à cet égard des détails qu'il serait superflu
de transcrire. Une autre rédaction eut lieu vers 1720;
elle fut imprimée à Rotterdam, chez Michel Bohm, 1721,
in-4°, 60 pages, avec l'indication de Francfort; cette
édition est devenue très-rare. Entre elle et le livre décrit
par Arpe, la seule différence qu'il y ait, c'est que l'on a
réduit à six les huit chapitres de l'*Esprit,* en n'en faisant
qu'un seul de ceux qui portaient d'abord les numéros 3,
4 et 5.

Des libraires, spéculant sur la célébrité du titre, mirent
sur le frontispice : *Traité des trois Imposteurs* (1); il

___

(1) En fait de ruses de ce genre, on a signalé la filouterie double-
ment criminelle qu'on prétend avoir effectivement été pratiquée par
un brocanteur anglais, qui avait rassemblé dans un même volume
le Pentateuque de Moïse en hébreu, les quatre Evangélistes et les

paraît cependant qu'il fut fait des changements aux manuscrits ; des emprunts provenant des ouvrages de Char-
ron et des *Considérations* de Naudé *sur les coups
d'État* furent introduits dans les chapitres III et IV.
L'édition datée de cɔɔ ccxix, sans indication de lieu
(Hollande), est un petit in-8º de 200 pages, précédées
d'une notice sur Spinosa, et d'une liste de ses écrits. En
tête, un portrait du philosophe avec ce quatrain :

> Si, faute d'un pinceau fidelle,
> Du fameux Spinosa l'on n'a pas peint les traits,
> La sagesse étant immortelle,
> Ses écrits ne mourront jamais.

Cette édition est fort rare ; mais à l'époque où les livres
qualifiés de *philosophiques* se multipliaient sous la plume
du baron d'Holbach, de Naigeon et de leurs amis, les
réimpressions se succédèrent rapidement. Nous en avons
vu une avec l'indication d'Yverdon, 1768 ; sans lieu. 1775
(Hollande), et 1776 (Allemagne), 152 pages ; Amsterdam
(Suisse?), 1776, 138 pages. Il en existe une plus ancienne, qui fait partie d'une réunion de divers écrits
publiés en 1767 en un volume in-8º sous la rubrique de
Londres. Le premier traité contenu dans ce recueil est
intitulé : *de l'Imposture sacerdotale.* Une autre édition,
datée de 1796, fut mise au jour par Mercier de Com-
piègne ; elle avait été précédée par une réimpression faite
en 1793, époque peu remarquable dans l'histoire de la
typographie française.

Une traduction allemande, indiquée comme rare, porte

Actes des apôtres en grec, et l'Alcoran de Mahomet en latin, faute de
l'avoir pu trouver de format in-8º dans sa langue originale, comme
les autres ; il y ajouta une courte préface et le titre de *Libri de tribus Impostoribus.*

le titre de *Spinosa II, oder Subiroth Supim. Rom,
bei der Wittwe Bona Spes*, 5770.

Nous avons sous les yeux une traduction anglaise,
publiée à Dundée, en 1844, J. Myles, in-12, et intitulée :
The three Impostors (96 pages). A la suite d'une dissertation de 25 pages, qui n'apprend guère que ce que
l'on savait déjà, on rencontre une traduction de la *Réponse à la Monnoye* et l'extrait des *Mémoires littéraires* (la Haye, 1716). La préface du traducteur anonyme est fort courte ; nous la faisons passer en français
de la façon suivante :

« Le traducteur de ce petit traité croit nécessaire de
dire quelques mots à l'égard de l'objet qu'il a eu en vue
dans cette publication. Elle n'est point faite dans le but
de défendre le scepticisme, ni de propager l'incrédulité,
mais seulement pour soutenir les droits du jugement particulier. Nul être humain n'est en position de voir dans
le cœur humain et de décider avec justice sur la foi ou
la conduite de ses semblables, et les attributs de la Divinité sont tellement en dehors de notre faible raison,
qu'avant de les comprendre il faudrait que l'homme de-
vînt lui-même un Dieu. Il en résulte que tout blâme sévère
des actions et des opinions d'autrui doit être abandonné,
et chacun doit se mettre en état de pouvoir déclarer avec
un philosophe humain et noble :

Homo sum, humani nihil a me alienum puto. »

Le traducteur a fait passer en anglais les notes qui
accompagnent le texte français (en corrigeant, par exemple, le mot *chanoine*, lorsqu'il s'agit d'un rabbin), et il
a ajouté quatre ou cinq citations fort courtes prises dans
Tite-Live, Bolingbroke et Volney. Cette traduction anglaise de l'édition française d'Amsterdam, 1776, a été

réimprimée en 1846, à New-York, par G. Vale, 3, Fran-
klin-Square. Il a été imprimé, en 1823, à Bordeaux, sous
la rubrique de Londres, une version espagnole : *Tratado
de los tres Impostores, traducido al castellano y au-
tato yu notas muy curiosas.*

En résumé, à l'exception de la traduction allemande
(et incomplète) de M. Em. Weller, nous ne connaissons,
en aucune langue, aucune traduction véritable du petit
traité latin *De tribus Impostoribus.*

V

OUVRAGES AYANT DES TITRES SEMBLABLES A CELUI DU LIBER DE TRIBUS IMPOSTORIBUS.

La célébrité dont jouissait le livre qui nous occupe, le
mystère qui le couvrait, durent facilement engager quelques écrivains à placer en tête de leurs productions un
titre qui rappelât en quelque façon l'ouvrage qu'on cher-
chait partout sans le trouver. C'était un moyen de piquer
la curiosité, d'obtenir un peu d'attention, qu'on n'aurait
pas eue si l'œuvre s'était produite avec un intitulé insigni-
fiant. Tel est le motif qui fit paraître : *Vincentii Pa-
nurgi epistola ad cl. virum Joannem Baptistam
Morinum Dr. Med. etc., de tribus Impostoribus;*
Parisiis, apud Matthæum Bouliette, 1644, in-12; 1654,
in-4º.

L'auteur de ce livre est J.-B. Morin lui-même, et les
trois imposteurs sont Gassendi, Naudé et Bernier, qui
s'étaient moqués de ses rêveries astrologiques.

Un écrit intitulé : *De tribus Nebulonibus,* parut en
Hollande, et fut composé par un Hollandais. Les trois
nebulones étaient Thomas Aniello (ou Masaniello),

Cromwell et Mazarin. Il paraît que le cardinal, en dépit
de l'indifférence véritable ou supposée qu'il affectait à
l'égard des écrits dirigés contre lui, trouva moyen de
faire supprimer cette édition tout entière; l'ouvrage paraît inconnu aux bibliographes, et nous ne le rencontrons
sur aucun catalogue.

En 1667, il fut mis au jour à Londres un in-8° intitulé :
History of the three late famous Impostors. Ces personnages étaient deux individus qui voulaient se faire
passer pour des princes ottomans, et Sabbathi Levi, qui,
en 1666, voulut jouer parmi les Juifs de l'Orient le rôle
de Messie (1).

Ce livre fut traduit en allemand, Hambourg, 1669,
in-8°; une édition nouvelle, avec une préface de Martin
Schmizel, vit le jour en 1739. Il en existe également une
traduction française (Paris, Robinet, 1673, in-12), et l'on
retrouve toute cette histoire dans l'ouvrage de J.-B. de
Rocolès, *les Imposteurs insignes* (Amsterdam, Wolf-
gang, 1683, in-12).

Un écrivain danois publia en 1680 *Liber de tribus
magnis Impostoribus* (nempe Eduardo Herbert de Cher-
bury (2), Thomas Hobbes et Benedicto de Spinosa), *Ki-
loni, apud Richelium*. Cet écrit, dirigé contre trois
adversaires de la révélation, fut réimprimé avec quelques
additions, chez un fils de l'auteur, à Hambourg, en 1700,

(1) La *Biographie universelle* a consacré un long article à ce personnage. Voir t. XXXIX, p. 412-418. Nous y renvoyons le lecteur. Il
existe aussi une Histoire (en allemand) du faux Messie Sabbathai
Zebbi, par Ch. Anton, 1752, in-4°.

(2) Les écrits de ce *nobleman* anglais l'ont fait ranger avec raison
parmi les meilleurs défenseurs du déisme. Ses traités *de Veri-
tate*, 1624; *de Causis errorum* (sine loco), 1656, sont remarquables à
plusieurs égards.

et traduit en allemand par un pasteur luthérien, Michel Born.

Jean Decker réunit, dans un chapitre d'un de ses ouvrages (*De scriptis adespotis*, sect. xiv), Campanella, Hobbes et Spinosa, en donnant pour titre à ses réflexions à leur égard : *De tribus maximis hujus seculi philosophis,* et il mit en tête cette épigraphe empruntée à Horace (Od., l. I, 5) :

> Nil mortalibus arduum est ;
>   Cœlum ipsum petimus stultitia, neque
> Per nostrum patimur scelus
>   Iracunda Jovem ponere fulmina (1).

Plusieurs autres écrivains, tels que J.-H. Ursinus, von Severin Lintrup et von Letdecker, s'attachèrent dans leurs écrits à grouper ensemble trois personnages. F.-E. Kettner ne dépassa pas le nombre de deux dans sa *Dissertatio de duobus Impostoribus, B. Spinosa et B. Beckero* (2) ; *Lipsiæ,* 1694, in-4°.

M. Graesse mentionne aussi un ouvrage publié à Londres et intitulé *les Trois Imposteurs ;* il s'agit de Mahomet, de Ignace de Loyola et de George Fox, le fondateur de la secte des quakers.

---

(1)   L'orgueil des enfants de la terre,
Même contre l'Olympe essayant sa fureur,
    · Ne permet pas que le tonnerre
Repose dans les mains de Jupiter vengeur.
                    (Trad. de M. E.-A. de Wailly).

(2) Le Hollandais Bekker, mort en 1698, auteur du *Belooverde wirild* (*le Monde ensorcelé*), livre qui, attaquant les opinions alors reçues sur le pouvoir des démons et des sortilèges, souleva une violente tempête.

VI

TÉMOIGNAGES DES BIBLIOGRAPHES AU SUJET DU
LIBER DE TRIBUS IMPOSTORIBUS.

M. Genthe énumère quatre-vingt-onze auteurs différents qui ont parlé du *Traité des trois Imposteurs ;*
mais cette liste pourrait être plus étendue : le biographe
allemand, peu familier, semble-t-il, avec les livres français, n'a cité ni M. J.-Ch. Brunet, ni M. A.-A. Renouard;
depuis sont venus MM. Du Roure, Quérard (*Supercheries
littéraires,* I, 571 ; ce n'est qu'une reproduction de ce
que dit Barbier, dans son *Dictionnaire des Anonymes*);
l'auteur anonyme d'une lettre insérée dans le *Bulletin
des Arts* (1846, t. V, p. 99), et d'une autre lettre publiée
dans le *Journal de l'amateur de livres* (Paris, Jannet,
n° du 1er août 1849). M. Graesse, dans son *Trésor des
livres rares et précieux* (Dresde, 1860-1866, in-4°), a
consacré (t. VI, p. 197), un article au *De tribus Impostoribus*, mais il n'apprend rien de nouveau). Nous
n'avons pu nous procurer trois dissertations spéciales
qu'indique M. Genthe : Immanuel Weber : *Programma
de tribus Impostoribus*, etc., Giessen, 1715; J.-Chr.
Haremberg, *De secta non timentium Deum, exhibens
originem famosi dicterii ac commentitior. script.
de tribus Impostoribus*, Brunswigæ, 1756, in-3°;
J.-M. Mehling, *Das erste Schlimme Buch, oder Ab-
handlung von der Schrift de tribus Impostoribus*,
Chemnitz, 1764, in-8°. On sait combien ces opuscules
académiques, sortis des universités, sont difficiles à ren-
contrer longtemps après leur publication et loin du lieu
où ils ont vu le jour. Nous les regrettons peu d'ailleurs,

car nous doutons qu'ils eussent fourni quelques informa-
tions bien utiles. Il est question aussi du livre qui nous
occupe dans un périodique anglais : *The Blackwood
Magazine*, t. VIII, p. 506.

Nous avions eu l'intention de transcrire en détail l'énumération faite par M. Genthe, et de rapporter les passages
des auteurs qu'il signale ; mais nous avons renoncé à cette
idée, car les renseignements vagues que fournissent, au
sujet du *Liber de tribus Impostoribus*, ces volumes, la
plupart oubliés, ne méritent guère d'être reproduits. Nous
citerons cependant comme pouvant être consultés par
ceux qui tiendraient à connaître ce qui a été écrit sur
cette question :

B.-G. Struve, *De doctis Impostoribus dissertatio*,
Jenæ, 1703 ; *ibid.*, 1706, §. 9-23, réimprimé, mais incor-
rectement, dans *Oudini Commentt. de Scriptt. Eccle-
siast.*, t. III. — Joh. Friedr. Mayer, *Præf. in Disputt.
de Comitiis Taboriticis.* cf. *Placcius de Anonym.*,
pp. 185-188. sqq., réimprimé à part, Greifswald, 1702,
in-4o. — Christ, Thomasius, *Observatt. Halenses ad
rem litt.*, t. I, observat., VII, p. 78 sqq. — Vincent
Placcius, *Theatr. Anonymor.*, cap. II, n. 89, p. 184
sqq. — Calmet, *Dictionnaire de la Bible*, art. *Imposteurs*. — *Giornale de' Letterati*, publicato in Firenze
per i mesi di Aprile, Maggio e Giugno, MDCCXLII. — Joh.
Godof. Schmutzer, *Dissertatio de Friderici II in rem
litterariam meritis*. — *Observations upon the report
of the horrid Blasphemy of the three grand Impostors*, by some affirm'd to have been of late years uttered
and published in print. (vid. Catal. Msstor. Angliæ, t. II,
p. 215.) — Jugement de M. Maturin Veissier la Croze,
bibliothécaire et antiquaire du roi de Prusse, et membre
de l'Académie royale à Berlin, sur le traité *De tribus*

Impostoribus. — *Biblioth. Reimann. Hildesheim,*
1751, in-8°, p. 980. — Morhof, *Polyhist. litt.*, t. 1,
cap. VIII. — Heumanni *Conspectus Reipubl. litter.*,
cap. VI, §. 33. — *Biblioth. Uffenbachiana,* t. III,
p. 681. — Kochii *Observatt. miscell.*, t. II, p. 564. —
Bierlingii *Pyrrhon. hist.*, cap. V, p. 256. — Fabricii
Scriptt. de veritat. Relig. Christ., cap. XXII, p. 475.
— *Annal. Acad. Iuliæ,* semestr. II. — Coleri *Antho-
log.*, p. 196. — Ant. Maria Gratianus, *in vit. Card.
Commendoni,* t. II, p. 9. — Joh. Dekherus, *de Scriptt.
adespotis,* p. 119. — Sam. Maresius, *De Iohanna,
Papissa.* — *Naudæana,* p. 129. — Mülleri *Atheismus
devictus. Prol.*, cap. II, p. 19. — Melch. Adam, *in Vit.
Calvini,* p. 41. — Spizelius, *de Atheismo,* p. 15 et 18.
— Tentzelii *Biblioth. curiosa, etc.*, p. 491, ann. 1704.
— *Histoire des Ouvrages des Savans,* févr., 1694,
p. 278. — Auberti Miræi *Biblioth. eccles.*, p. 226. —
Hebenstreit, *de variis Christianor. nominib.*, cap. I,
p. 30. — *Observatt. Halenses,* t. X, observ. 9, p. 218,
t. IV, p. 261, observ. 20. — Reimanni *Introductio in
Histor. litt.*, t. III, p 246. — Ittigii, *Diss. de Postelo,*
1700, §. 26, p. 34. — Olearii *Diss. de Vanino.*

VII

DES ÉCRITS DE QUELQUES AUTEURS AUXQUELS ON A ATTRI-
BUÉ LE TRAITÉ *DE TRIBUS IMPOSTORIBUS.*

Nous avons dit que Servet, Giordano Bruno, Vanini et
d'autres encore, avaient été indiqués, mais sans vraisemblance et sans fondement, comme les auteurs de ce cé-

e

lèbre traité qu'on n'a pas retrouvé. Ces allégations reposaient sur les opinions peu orthodoxes émises par ces écrivains, notamment par les trois personnages dont nous venons de rappeler les noms et qui furent les victimes de l'intolérance dont le règne était encore en pleine vigueur sur la surface entière de l'Europe. On connaît, en général, fort peu les écrits qui les conduisirent au bûcher ; il ne sera donc pas inutile d'en dire ici quelques mots.

Commençons par Michel Servet. La condamnation dont il fut l'objet à Genève l'a rendu l'objet d'une attention toute spéciale. La relation de son procès se trouve, avec les pièces à l'appui, dans les *Mémoires de la Société d'histoire et d'archéologie de Genève*, t. III, pp. 1-158. Nous n'avons pas l'intention de parler de la vie de cet homme célèbre ; une foule d'écrivains s'en sont occupés. Voir les *Mémoires de d'Artigny*, tome II ; l'*Histoire de France*, par Henri Martin, t. IX, p. 606 ; l'*Histoire de Calvin*, par Audin, t. II, pp. 258-324 ; le *Bulletin de la Société de l'histoire du protestantisme français*, juillet 1853 et mai 1858.

Sa vie, écrite en allemand par Mosheim, 1748, in-4°, est très-prolixe. L'ouvrage allemand de Trechsel : *Les Antitrinitaires protestants avant Socin. Livre premier. Servet* (Heidelberg, 1839), est estimé. Une *Étude sur le procès de Servet*, par M. E. Schase (Strasbourg, 1853, in-8°), est signalée par l'*Athenæum français* comme remarquable.

Le plus célèbre des écrits de Servet est celui qui a pour titre *Christianismi restitutio*, 1553, in-8°, 734 pages. Imprimé à Vienne, chez Balthazard Arnollet, il fut livré aux flammes, et deux ou trois exemplaires seulement ont échappé à la destruction. Un d'eux, ayant

appartenu au docteur anglais Mead et à l'archéologue
français de Boze, est à la Bibliothèque impériale ; plusieurs pages sont roussies et atteintes par le feu. Cet
exemplaire était celui de Colladon, l'un des accusateurs
de Servet, qui a souligné les propositions les plus malson-
nantes. (Voir un article de M. Flourens, dans le *Journal
des Savants,* avril 1854, p. 193.)

Afin de donner une idée du système exposé dans ce
volume qui souleva tant de colères, nous nous servirons
de l'analyse que M. Emile Saisset a insérée dans le *Dictionnaire des sciences philosophiques* (tome VI). Le
point de départ de Servet est que Dieu, considéré dans
les profondeurs de son essence incréée, est absolument
indivisible ; il est parfaitement un, parfaitement simple,
si simple et si un qu'à le prendre en lui-même, il n'est
ni intelligence, ni esprit, ni amour. Toutefois, entre un
tel dieu retiré en soi dans sa simplicité inaltérable, et le
flot des existences mobiles, divisées, changeantes, il faut
un lien, un intermédiaire. Cet intermédiaire, ce lien, ce
sont les idées, types éternels des choses.

Les idées ne sont point séparées de Dieu, bien qu'elles
s'en distinguent. Elles sont le rayonnement éternel de
Dieu. Ce que les idées sont aux choses, Dieu l'est aux
idées elles-mêmes. Les choses trouvent leur essence et
leur unité en Dieu. Dieu, indivisible en soi, se divise dans
les idées ; les idées se divisent dans les choses. Dieu, pour
parler le langage de Servet, qui fait songer ici tout à la
fois à Plotin et à Spinoza, Dieu est l'unité absolue qui
unifie tout, l'essence pure qui *essentie* tout (*essentia
essentium. Christ. Rest.* lib. IV, p. 125).

En résumé, il y a trois mondes, à la fois distincts et
unis : au sommet, Dieu, absolument simple, ineffable ;
au milieu, l'éternelle et invisible lumière des idées ; au

bas de cette échelle infinie s'agitent les êtres. Les êtres
sont contenus dans les idées, les idées sont contenues en
Dieu ; Dieu est tout, tout est Dieu ; tout se lie, tout se
pénètre; la loi suprême de l'existence est l'unité universelle. L'unité, l'harmonie, la consubstantialité de tous
les êtres, voilà le principe qui a séduit Servet, comme il
a captivé Bruno, Spinoza, Schelling et tant d'autres no-
bles génies.

Servet rattachait à sa métaphysique panthéiste une
théologie profondément contraire à la lettre et à l'esprit
du christianisme. Voulant être à la fois chrétien et panthéiste, il imagina la théorie d'un Christ idéal qui n'est
point Dieu, qui n'est point un homme, qui est un intermédiaire entre l'homme et Dieu ; c'est l'idée centrale, le
type des types, l'Adam céleste modèle de l'humanité, et
par suite de tous les êtres. Pour l'Église, le Christ est
Dieu ; pour le panthéisme, le Christ n'est qu'un homme,
une partie de la nature. Servet place entre la Divinité,
sanctuaire inaccessible de l'éternité et de l'immobilité
absolue, et la nature, région du mouvement, de la division et du temps, un monde intermédiaire, celui des
idées, et il fait du Christ le centre du monde idéal. De la
sorte, il croit concilier le Christ et le panthéisme en les
corrigeant et les tempérant l'un par l'autre. Le Christ est
la lumière de Dieu, sa manifestation la plus parfaite, son
image la plus pure ; c'est de lui que tout émane, c'est
vers lui que tout retourne ; il est la cause, le modèle et
la fin de tous les êtres ; tout en lui s'unifie, et il unifie
tout en Dieu.

Servet développe cette idée avec un véritable enthousiasme ; c'est le pivot de toute sa doctrine. Par elle, il
prétend rendre le christianisme à sa pureté primitive, en
expliquer tous les dogmes, les mettre en harmonie avec

un panthéisme épuré, avec les traditions de tous les peuples, les symboles de tous, les maximes de tous les sages. Cette théorie du Christ détruit, il est vrai, radicalement le dogme de l'incarnation, comme la doctrine de Servet sur l'indivisibilité absolue de Dieu détruisait le dogme de la Trinité, comme sa conception d'un monde intelligible qui émane de Dieu par une loi nécessaire sapait par sa base le dogme de la création. Rejetant l'idée d'une transmission héréditaire du péché originel, Servet supprime le baptême des petits enfants ; il ne reconnaît pas la nécessité de la grâce pour le salut, ni celle de la foi aux promesses de Jésus-Christ : aussi sauve-t-il les mahométans, les païens, et tous ceux qui auront vécu selon la loi naturelle. Les principes de Servet ne *restituaient* pas le christianisme, comme il s'en flattait ; ils le détruisaient complétement. Embarrassé dans des conceptions profondes et subtiles, ce système n'a trouvé aucun adhérent; mais la sincérité de Servet dans sa foi, la noblesse de son enthousiasme, l'élévation et l'originalité de ses idées ne sauraient être contestées sans injustice.

Arrivons à Giordano Bruno. Les deux volumes que nous avons déjà signalés, et que M. Bartholmess a consacrés à ce philosophe, nous dispensent d'en parler avec détail. Nous dirons seulement qu'il en est également question dans l'*Histoire des sciences mathématiques en Italie* de M. Libri, dans le travail de M. Cousin sur Vanini, dans l'*Histoire de France* de M. Henri Martin, tom. XIII, etc. Celui des nombreux écrits de ce penseur audacieux qui fut regardé avec le plus de courroux est le *Spaccio de la Bestia trionfante, proposto da Giove, effectuato dal consiglio, rivelato da Mercurio,* Parigi, 1584, in-8°. Dans les ventes publiques du siècle dernier, on a payé de 500 à 1000 fr. ce rarissime vo-

lume (1), et, quoique la valeur des livres de ce genre ait
bien diminué, celui-ci (joint, il est vrai, à trois autres
écrits de Bruno) s'est élevé à 20 liv. st. 15 sh. à la vente
Dunn Gardner, à Londres, en 1854. Il a d'ailleurs été
réimprimé dans l'édition donnée par M. Ad. Wagner des
Opere italiani de Bruno (Lipsia, 1829, 2 vol. in-8o), et
il en est question dans l'*Histoire de la littérature ita-
lienne*, par Ginguené, tome VII; dans la *Litterature of
Europe*, par Hallam, t. II, etc. On a presque toujours
parlé de ce livre énigmatique et obscur sans l'avoir vu,
et on a souvent défiguré le titre, en mettant *specchio*
(miroir) au lieu de *spaccio* (exclusion). Le travail de
M. Bartholmess en offre une longue analyse que nous
allons abréger fortement.

Il s'agit de l'expulsion de la bête (mot pris collective-
ment pour tout le règne animal), c'est-à-dire des animaux
que la mythologie et l'astronomie avaient placés sur la
voûte céleste; la croyance, alors si répandue, que les
astres influent sur les destinées et les volontés des
hommes, est attaquée sans ménagement. Au lieu de
noms méprisables et insignifiants, Bruno veut introduire,
dans l'énumération des constellations, les noms des qualités et des mérites dignes de l'estime et de l'admiration
des hommes. Poursuivant ce raisonnement, l'auteur mêle
la satire à l'allégorie; la métaphore se confond chez lui
avec l'allusion. A mesure que chacune des vertus appelées
à remplacer les vices du ciel est inaugurée, elle apprend
de Jupiter ce qu'elle doit faire et ce qu'elle doit éviter.
Dans l'*Epistola explicatoria*, adressée à sir Philip Syd-
ney, Bruno annonce qu'il a semé librement dans le
Spaccio les principes de sa philosophie morale, sans

_____

(1) La bibliothèque Mazarine en possède un exemplaire.

craindre les rides et les sourcils des hypocrites, la dent
et le nez des docteurs, la lime. et le sifflet des pédants.
Il fait remarquer qu'il serait injuste de lui attribuer les
opinions qu'il met dans la bouche d'interlocuteurs qui
s'expriment sans gêne. Des digressions dans lesquelles
l'ambition et la cupidité sont signalées, non sans raison,
comme les motifs des guerres qui désolaient l'Europe,
des attaques contre les moines, des insinuations obscures,
mais certainement peu orthodoxes, voilà ce qu'on trouve
en maint endroit de ces dialogues, qui se terminent lorsque tous les noms des constellations ayant été changés
(l'Aigle étant remplacé par la Magnanimité, le Taureau
par la Longanimité, le Cancer par la Conversion), Jupiter
engage les dieux à aller souper.

Nous dirons fort peu de chose de quelques autres ouvrages de Bruno, très-recherchés encore des bibliophiles,
mais ayant une assez faible valeur au point de vue de
l'histoire de l'esprit humain.

La *Caballa del cavallo Pegaseo* (Paris, 1585) est une
production bizarre, moitié sérieuse, moitié badine, où
l'ironie est versée à pleines mains. Erasme avait fait
l'éloge de la folie : Bruno écrit le panégyrique de l'ignorance, de la stupidité, de l'ânerie, mais tout cela est
mêlé aux doctrines de la cabale rabbinique. Un personnage nommé Onorio est mis en scène ; grâce à la trans-
migration des âmes, il a passé par des états très-divers :
il a d'abord été un âne au service d'un jardinier ; il est
devenu le cheval Pégase ; plus tard il a passé dans le
corps d'Aristote, et là, il a déliré plus que le délire
même, sur la nature des principes, sur la substance des
choses.

Dans un autre ouvrage écrit en dialogues : *La Cena de
le Cineri*, 1581, Bruno, devançant Galilée, combat l'idée

que la terre est immobile; précédant de deux siècles et
demi des vues sur la pluralité des mondes qui récemment
ont donné lieu en Angleterre à une vive controverse, il
maintient qu'il existe une foule d'autres globes de même
forme et de même matière que la terre, animaux immenses, intelligents (*intellectuali*), dont l'ensemble
constitué un seul être vivant formé de la création entière.
Ces conceptions élevées, que la philosophie moderne a
reprises et développées, étaient trop neuves, trop hardies,
pour ne pas révolter l'ignorance appuyée sur une autorité
despotique. On réfuta péremptoirement le philosophe
napolitain en le conduisant au bûcher.

Vanini nous arrêtera peu. On a tout à fait cessé de lire
l'*Amphitheatrum æternæ providentiæ*, et le traité
De admirandis naturæ reginæ deæque mortalium.
M. Rousselet a donné, dans les *Œuvres philosophiques
de Vanini* (Paris, Gosselin, 1842), une version entière
de l'*Amphithéâtre*; il n'a fait passer en français que la
portion la plus intéressante du second ouvrage qui est
partagé en quatre dialogues, et dont le but est d'expliquer tous les secrets de la nature, parmi lesquels il faut
ranger tous les faits regardés comme miraculeux. Les
trois premières parties n'offrent qu'un traité de physique
péripatéticienne très-peu intéressant, quoiqu'il s'y trouve
quelques idées hardies; mais, observe le traducteur, c'est
dans le quatrième livre, ayant pour objet la *Religion des
païens*, que Vanini a déployé toute sa verve et toute son
audace; derrière ce titre, il en cache évidemment un
autre (ainsi qu'avait fait B. Des Perriers dans le *Cymbalum mundi*). « Mettant au nombre des faits naturels les
miracles, les oracles, en un mot toute espèce de prodiges
et même le don des langues accordé aux apôtres, il passe
en revue toutes les croyances; il les discute avec une

ironie qui est un trait particulier de son caractère, et il
finit par conclure que la véritable religion est la loi naturelle, que Dieu a gravée dans le cœur de tous les hommes.
Les impostures des prêtres ne sont pas oubliées, et les
institutions qui en résultent ne sont plus à ses yeux que
des fraudes pieuses. »

Parmi les auteurs auxquels on aurait pu attribuer le
De tribus Impostoribus, lorsque les conjectures allaient
leur train, il nous semble qu'on a oublié Jean Bodin,
écrivain hardi et fort en avant sur l'époque où il vivait.
Il a, il est vrai, dans sa *Démonomanie des sorciers*,
publiée en 1580, souvent réimprimée (1), et traduite en
diverses langues, inséré gravement les contes les plus
absurdes ; mais son *Universæ naturæ theatrum* (Lyon,
1596) est écrit sous l'inspiration d'un panthéisme mal
dissimulé, et il laissa, en mourant, un ouvrage manuscrit
bien plus audacieux et dont on n'osa pas risquer la publication. Le *Colloquium heptaplomeros* offre sept
interlocuteurs : un catholique, un luthérien, un calvi-
niste, un païen, un juif, un mahométan, un déiste. Au
milieu d'une discussion longue et confuse, surchargée
d'une érudition pédantesque, et enveloppée de formes
étranges, surgit l'idée de la tolérance religieuse, toutes
les religions étant sœurs et s'entendant par la morale.

En 1841, un savant allemand, M. G. E. Gubrauer, publia à Berlin une notice sur cet ouvrage ; l'année précé-
dente un autre Allemand, Vogel, en avait fait le sujet de
deux articles insérés dans un journal bibliographique de
Leipzig (le *Serapeum*). A la suite d'une analyse de
l'*Heptaplomeros*, M. Gubrauer en donne deux extraits,

---

(1) Voir, au sujet de cet ouvrage, un article de M. de Puymaigre
dans la *Revue d'Austrasie*, 1840.

l'un en allemand, l'autre en latin, accompagnés d'une notice bibliographique. Une publication périodique qui ne subsiste plus, la *Revue de bibliographie analytique*, a rendu compte de ce travail (1842, p. 749). Nous ne saurions d'ailleurs mieux faire que de renvoyer au livre remarquable de M. H. Baudrillart : *Bodin et son temps* (Paris, 1853, in-8°). Ce qui concerne le *Colloquium* occupe le chap. V, p. 190-221. L'originalité du livre est de concilier une superstition crédule avec l'examen le plus libre et la critique la plus audacieuse, avec le jugement le plus sévère sur les croyances établies. Trois des interlocuteurs, un juif, un musulman, un philosophe, attaquent vivement le christianisme; ils mêlent à leurs raisonnements des expressions irrévérencieuses, que M. Baudrillart n'a pas voulu citer, même en latin, et l'interlocuteur catholique défend la foi avec des arguments d'une extrême faiblesse. Un théisme élevé, ardent, fait le fond de cet ouvrage si controversé et si peu connu; un vif sentiment de la dignité morale de l'homme y respire partout, et d'inqualifiables rêveries s'y mêlent.

Le traité *Des trois Imposteurs* nous amène tout naturellement à parler de deux imposteurs ou plutôt de deux fous qui, à Paris, se présentèrent comme des Messies, comme le *Fils de l'homme* (1), et qui furent, l'un et l'autre, condamnés au dernier supplice, au lieu d'être enfermés, comme ils le méritaient, dans un hospice d'aliénés.

(1) Le catalogue de la bibliothèque de Ch. Nodier, 1829, n° 66, nous révèle l'existence d'un livre imprimé à Paris vers 1827, et intitulé : *Avertissement véritable et assuré au nom de Dieu.* C'est l'œuvre d'un illuminé qui se dit le *Fils de l'homme*, et qui promet de ressusciter dans trois jours, après s'être fait jeter à l'eau à Marseille, attaché avec des chaînes de fer à une grosse pierre.

Geoffroy Vallée fut le premier de ces malheureux : il était né à Orléans, et il n'avait pas vingt ans lorsqu'il fit imprimer, en 1572, un opuscule de 8 feuillets, intitulé *La Béatitude des Chrestiens ou le Fléo de la foy* ; c'est un tissu d'extravagances, où l'on démêle des attaques contre Rome et contre l'autorité en matière de religion. Le Parlement de Paris condamna Vallée à être brûlé vif, comme athée. L'arrêt est inséré dans les *Archives curieuses de l'Histoire de France*, t. VIII. (Voir les *Mémoires de littérature* de Sallengre, t. II ; les *Nouveaux Mémoires* de d'Artigny, t. II, p. 278 ; l'*Analecta-Biblion* de M. Du Roure, t. II, p. 31 ; le *Bulletin du Bibliophile* de Techener, 10e série, p. 612-623, etc.)

Simon Morin est plus connu : M. Michelet, dans son *Histoire du règne de Louis XIV*, lui a consacré quelques pages qui ont eu de nombreux lecteurs; ce visionnaire prétendait qu'il y avait trois règnes : celui de Dieu le père, le règne de la loi, se terminant à l'incarnation du Fils ; celui du Fils, le règne de la grâce, s'arrêtant à 1650 ; celui du Saint-Esprit, le règne de la gloire, le règne de Simon Morin lui-même, pendant lequel Dieu gouverne les âmes par des voies intérieures, sans qu'il soit besoin du ministère des prêtres. Il partait de ce principe pour demander à Louis XIV de lui céder la couronne. On découvrit dans cette extravagance un crime de lèse-majesté : Morin fut brûlé en 1662. Les *Pensées*, imprimées en 1647, forment un volume extrêmement rare, et qui, dans les ventes, se paye de 50 à 100 fr. ; il a été réimprimé vers 1740. Au milieu de beaucoup de fatras inintelligible, on remarque quelques morceaux éloquents, quelques beaux vers, celui-ci entre autres :

Tu sais bien que l'amour change en lui ce qu'il aime.

Voir les *Mémoires* de d'Artigny, t. III, p. 249-313 ; le
Bulletin du Bibliophile, 1843, p. 31, etc.

Un savant bibliographe allemand, le docteur Graesse,
dans son *Histoire littéraire universelle* (en allemand),
mentionne, t. VII, p. 772, comme ayant été écrit à Halle
en 1587, un ouvrage dicté par des doctrines déistes et
antichrétiennes, et intitulé : *Origo et fundamenta religionis christianæ*, et il renvoie à Illgen : *Zeitschrift
fur... (Journal de théologie historique, VI, 2, 192.)*

Des attaques contre le judaïsme et le christianisme se
trouvaient dans l'ouvrage d'un avocat bourguignon,
Claude Gilbert. *Histoire de Calejava, ou l'Isle des
hommes raisonnables, avec le parallèle de leur morale
et du christianisme*; Dijon, 1700, in-12. Quoique l'imprimeur eût effectué des retranchements, l'édition entière
fut ensuite brûlée par l'auteur ; un seul exemplaire,
dit-on, échappa à la destruction, et il se vendit 120 fr. en
1784, dans la bibliothèque du duc de La Vallière. Voir le
Dictionnaire des anonymes de Barbier, n° 7665, qui
cite Papillon et Mercier de Saint-Léger. Ce livre, écrit en
forme de dialogue, est très-peu connu. Claude Gilbert
n'est mentionné ni dans la *Biographie universelle* publiée par les frères Michaud, ni dans la seconde édition
de ce grand ouvrage, ni dans la *Biographie générale*
mise au jour par M. Didot, sous la direction de M. Hoefer.

Nous terminerons cet aperçu de divers écrits hétéro-
doxes, en disant que vers la fin du dix-septième siècle un
autre individu, dont le cerveau était un peu dérangé, un
maître à la chambre des comptes, J.-P. Parisot, publia
un livre très-peu lucide, intitulé : *la Foy dévoilée par la
Raison*, 1681, in-8°. Grâce aux progrès de la tolérance,
on se contenta d'enfermer l'auteur ; le livre seul fut brûlé.
Devenu très-rare, il n'est cependant point recherché ; on y

trouve une explication fort obscure de la doctrine sur le
Verbe divin (le *Logos*), telle qu'elle est exposée dans
l'Évangile selon saint Jean. Parisot croyait découvrir
dans la nature les trois éléments de la Trinité, savoir : le
sel, générateur des choses, répondant à Dieu le Père ; le
mercure représentant, par sa fluidité extrême, Dieu le Fils
répandu dans tout l'univers ; le soufre, dont la propriété
est de joindre, d'unir le sel au mercure, ce qui figure évidemment le Saint-Esprit, lien sacré des deux premières
personnes de la Trinité. Il serait fort superflu d'analyser
les divagations de Parisot ; ce qu'il y a de curieux, c'est
que, se croyant fort orthodoxe, il avait dédié son livre au
pape , en lui adressant une lettre pleine de respect et de
soumission. Le cardinal Casanata ne prit certainement
pas la peine de lire *la Foy dévoilée par la Raison,* et
et dans une réponse datée du 4e jour des calendes d'avril
1680, Son Éminence répondit que l'ouvrage avait été lu à
Rome avec plaisir, et qu'il était digne de louange.

VIII

DE QUELQUES OUVRAGES QUI ONT AVANCÉ UNE THÈSE ANALOGUE A CELLE QU'ON PRÉTENDAIT TROUVER DANS LE TRAITÉ *DE TRIBUS IMPOSTORIBUS.*

Les ouvrages irréligieux qui ont attaqué les bases de
toute doctrine révélée se sont, on le sait, fort multipliés
depuis un siècle ; nous ne nous en occuperons pas ; nous
voulons seulement dire quelques mots de trois ou quatre
productions qui ne sont pas fort répandues et qui sont
hostiles aux législateurs des Israélites et des Chrétiens.

La question de savoir si Moïse était inspiré, s'il est l'auteur du *Pentateuque*, fort vivement débattue dans les écoles de l'Allemagne, ne saurait être examinée ici; nous nous en tiendrons à mentionner, parmi les écrits qui ont contesté la réalité historique des récits contenus dans les premiers livres de la Bible, l'ouvrage du Hollandais Adrien Beverland, *Peccatum originale philologice elucubratum*, imprimé plusieurs fois en Hollande, et dont il existe des traductions ou plutôt des imitations françaises, au sujet desquelles on peut consulter le *Dictionnaire des Anonymes* de Barbier, et une note dans l'édition donnée par Leschevin, en 1807, du *Chef-d'œuvre d'un inconnu*, t. II, p. 459. Il n'est pas besoin de rappeler que, selon Beverland, la pomme (1), c'est la volupté, le serpent, c'est la concupiscence, d'où sont nés les mauvais penchants de la race humaine; les organes de la génération sont figurés par l'arbre fatal. Cette opinion n'était pas neuve; elle avait été mise en avant par des docteurs juifs, notamment par Rabbi Zahira (voir Nork, *Braminen und Rabbinen*, 1836, cité par Rosenbaum, *Geschichte der Lustseuche*, I, 48). De nos jours, un écrivain qui se croit fort orthodoxe, M. Guiraud, dans sa *Philosophie catholique de l'Histoire* (1841, t. II), a professé cette façon de voir : « Le fruit de l'arbre défendu prépara et commença ce que nous appelons le péché originel, mais les sens le consommèrent; la multiplication matérielle de l'espèce humaine en fut le résultat. » D'après les Cathares ou Manichéens du moyen âge, la pomme

_____

(1) En nous servant de ce mot, nous nous conformons à un usage vulgaire, mais nous croyons qu'il est inexact. La traduction de M. Cahen, qui serre de très-près le texte hébreu, n'emploie jamais que le mot fruit (*fruit de l'arbre qui est au milieu du jardin*). La Vulgate ne se sert que des expressions *lignum* et *fructus*.

interdite était l'union des deux premiers êtres; le mauvais
principe avait placé Adam et *Eve* dans son faux paradis,
en leur défendant de manger le fruit de l'arbre de la
science, qui n'était autre que la concupiscence charnelle
dont il provoqua lui-même l'éveil, en séduisant Eve sous
la forme d'un serpent; il parvint ainsi, par l'union des
sexes, à propager le genre humain (voir Matter, *Histoire
du Gnosticisme*, t. III; Schmidt, *Histoire des Albigeois*,
ouvrage remarquable dont M. Mignet a rendu compte
dans le *Journal des Savants*, 1852). Des sectaires des
premiers siècles, les Archontiques entre autres, avaient
avancé que Satan avait eu un commerce charnel avec
Eve, commerce dont Caïn fut le fruit (voir saint Epiphane,
Hæres., XL; des rabbins en ont dit autant; un passage
de Rabbi Eliezer (in *Pirke*, p. 47) a été traduit ainsi :
« Accedit ad eam et equitabat serpens, et gravida facta
est ex Caïno. » En fouillant dans le Talmud, dans les cinq
volumes in-folio de la *Bibliotheca rabbinica* de Jules
Bartolocci (*Roma*, 1675-1694), on rencontrera d'autres
assertions analogues. Nous nous dispenserons de nous y
arrêter, mais nous ajouterons qu'il existe divers ouvrages,
assez rares aujourd'hui, qui ont reproduit la thèse exposée
dans l'*Etat de l'homme*. Tels sont l'*Eclaircissement
sur le péché originel*, par le chevalier de C. (voir
l'*Année littéraire*, 1755, t. IV, p. 159), et un livre
allemand, l'*Arbre de la science considéré d'un œil
philosophique*, Berlin (Erfurt), 1760, in-8°. Nous terminerons en disant qu'Adelung, qui, dans son *Histoire de
la folie humaine* (en allemand, t. I, p. 20-41), a consacré une notice à Beverland, dit qu'un exemplaire du
Peccatum originale, avec de nombreuses additions manuscrites pour une édition nouvelle, existait dans la
bibliothèque du comte de Bunau (jointe aujourd'hui à

celle de Dresde). Nous sera-t-il permis, enfin, de placer
ici deux lignes que nous trouvons dans un livre bien oublié aujourd'hui : « Un improvisateur florentin a dit en
un seul beau vers, en parlant d'Eve :

> L'ingannò il serpe ch'era grosso e lungo,

et il donna par un geste expressif l'explication de cette
controverse. » *Mémorial d'un mondain* (par le comte
de Lamberg), *Londres*, 1776, in-8º, t. I, p. 12.

La mission divine de Jésus, la vérité de l'Evangile,
eurent pour antagoniste Charles Blount, né en 1655, et
qui termina sa vie par un suicide, en 1693 ; il fut un des
premiers et des plus hardis des libres penseurs anglais.
Dans ses *Oracles de la raison* (publiés après sa mort),
il attaque la Genèse, le récit de la chute de l'homme, la
doctrine des peines futures. — Ses autres écrits sont tout
aussi peu orthodoxes. Dans l'*Anima mundi, ou Relation
historique des opinions des anciens touchant l'âme
de l'homme après la mort*, 1679, il inculque le matérialisme ; dans sa *Grande est la Diane des Ephésiens,
ou de l'Origine de l'idolâtrie*, 1680, sous prétexte
d'attaquer l'idolâtrie, il combat les doctrines de la Bible.
Ses écrits ont été réunis sous le titre d'*Œuvres diverses*
(*Miscellaneous works*), Londres, 1695, in-12 ; mais le
plus fameux, celui qui doit nous occuper ici, c'est sa traduction des deux premiers livres de la vie d'Apollonius
de Thyane, par Philostrate, 1680, in-folio, accompagnée
de notes dirigées contre le christianisme, qui fut saisie et
excita un violent orage. On sait que Philostrate écrivit, au
troisième siècle, la vie d'Apollonius, philosophe auquel
des païens ont attribué des miracles qu'ils comparaient à
ceux de Jésus-Christ. L'intention qui dicta cet écrit était
d'affaiblir l'autorité de l'Évangile, en lui opposant les pro-

diges prétendus opérés par Apollonius. Philostrate représente ce personnage comme un être surnaturel et presque comme un dieu. Quoique fondée sur des éléments historiques, cette légende n'est qu'une composition idéale, où domine l'idée de mettre en relief l'excellence de la doctrine pythagoricienne. (Voir un article de M. E. Miller dans le *Journal des Savants*, 1849, p. 621 et suiv.)

Les notes de Blount se retrouvent dans la traduction française (par de Castillon) de l'ouvrage de Philostrate, Berlin, 1774, ou Amsterdam, 1779, 4 v. petit in-8°. Nous ne connaissons que le titre du livre de J.-F. Baur : *Apollonius von Tyana und Christus*, Tubingen, 1852, in-8°.

Divers ouvrages de J. Toland, le *Tedradymus*, London, 1720, in-8° ; *Pantheisticon*, Cosmopoli (Londini), 1720, in-8°, pourraient aussi être indiqués ici, sourtout le *Nazarenus, or Jewish, gentile and mahometan christianity*, London, 1718, in-8°, ouvrage de xrv et 48 pages, dans lequel il est fort question de quelques-unes des évangiles apocryphes (dont il ne reste plus que de rares fragments), des écrits de saint Barnabé, et qui reproduit la doctrine des Ébionites (1).

Nous trouvons indiqué dans le *Bibliographisches Lexicon* d'Ebert, avec renvoi aux *Archiven zur neuern Geschichte* de Bernouilli, un ouvrage italien que nous n'avons jamais vu et qui est sans doute très-rare : *Politica e religione trovate insieme nella persona di Giesu Cristo*. Nicopoli (Vienne), 1706-7, 4 vol. in-8°. Cet ouvrage est de G.-B. Commazzi; il fut saisi; Jésus-Christ y est représenté comme un imposteur politique.

(1) Ces sectaires, contemporains des apôtres, voyaient dans Jésus-Christ un homme dont la naissance n'avait rien de surnaturel. Ce qui reste de leur évangile a été l'objet d'une dissertation de Semler, Halle, 1777, in-4°.

h

On trouvera ci-après, aux PIÈCES JUSTIFICATIVES, les noms de plusieurs autres incrédules : le cordelier Scot, Jeannin de Solcia, etc., qui se signalèrent par leurs impiétés.

C'est surtout dans quelques livres composés par des Juifs que le second point de la thèse qui a inspiré le traité *De tribus Impostoribus*, a été développé en toute franchise ; mais ces ouvrages, écrits en langue hébraïque, sont d'autant moins connus que les Israélites, ne voulant pas donner prétexte à de cruelles persécutions, se sont longtemps attachés à les cacher avec le plus grand soin. Un célèbre hébraïsant italien, J.-B. Rossi, leur a consacré un volume de 128 pages, assez rare en France : *Bibliotheca judaïca anti-christiana*, Parmæ, 1800, in-8°.

Un livre qui, en ce genre, est connu de quelques savants, c'est le *Liber Toldos Jeschu*. On ignore à quelle époque il a été composé ; mais vers la fin du treizième siècle, un dominain, Raymond Martini, l'insérait en latin dans un livre de controverse qu'il écrivait contre les Juifs (*Pugio Fidei*). Le chartreux Porchet et d'autres adversaires de la foi israélite en faisaient de même usage. Luther le faisait passer du latin en allemand. Le texte hébreu, ignoré pendant des siècles, fut enfin retrouvé par Sébastien Munster, et Buxtorf promit (dans son *Lexicon Talmudicum*) de le publier ; mais il ne le fit pas. Enfin un savant allemand, J.-C. Wagenseil, inséra ce texte dans la collection d'écrits anti-chrétiens publiés par des Juifs, à laquelle il donna le titre de *Tela ignea Satanæ*, Altdorf, 1681, 2 vol. in-4°.

L'ouvrage se compose, dans ce recueil, de 24 pages à 2 colonnes, texte hébreu et traduction latine ; l'éditeur y a joint une *confutatio* qui occupe les pages 25 à 45 ; il ne ménage pas les injures au livre qu'il reproduit.

Voici en quels termes commence le *Liber Toldos Jeschu* : « Anno sexcentesimo septuagesimo primo quarti
millenarii, in diebus Jannæi regis quem alias Alexan-
drum vocant, hostibus Israelis ingens obvenit calamitas.
Prodiit enim quidam ganeo, vir nequam, nulliusque fru-
gis, ex trunco succiso tribus Judæ, cui nomen Josephus
Pandera... »

D'après l'auteur juif, Jeschu s'étant introduit furtive-
ment dans le Temple, pénétra dans le Saint des Saints, y
apprit le nom ineffable du Seigneur qui était gravé sur
une pierre, l'écrivit sur un morceau de parchemin qu'il
glissa dans sa chair, après s'être fait une incision, et,
grâce à la puissance irrésistible de ce nom, il opérait les
plus grands miracles, guérissait les lépreux, ressuscitait
les morts. Il accomplit ces prodiges en présence de la
reine Hélène, femme de Jannée, et elle se déclara sa pro-
tectrice. Parmi les miracles qui lui sont attribués, il en
est de ridicules, tels que de s'être assis sur une meule de
moulin qui surnageait sur les eaux du Jourdain. Judas
se dévoue pour la cause des Juifs ; il apprend de son côté
le nom ineffable du Seigneur, et oppose ses prodiges à
ceux de Jeschu ; celui-ci succombe ; il est lapidé ; on veut,
après sa mort, l'attacher à une croix, mais tous les bois
se brisent parce qu'il les avait ensorcelés. Judas triomphe
encore de cette difficulté. Par ses soins, le corps de
Jeschu est ensuite enseveli sous un ruisseau dont on a
détourné le cours ; les disciples, ne le trouvant plus,
affirment qu'il est monté au ciel ; la reine s'en émeut ;
mais la chose s'explique bientôt : « Dehinc Juda : « Veni,
ostendam tibi virum quem quæris ; ego enim illum
nothum subduxi ex sepulchro, quippe verebar ne forte
impia ipsius caterva eum ex tumulo suo furaretur ; itaque
illum in horto meo condidi, et superinduxi amnem aqua-

rum. » Ad unum igitur omnes confluunt, eumque caudæ
equinæ alligatum protrahunt ; cumque ante reginam
illum abjecissent, ajunt : « Ecce tibi hominem de quo
affirmaveras eum in æthera ascendisse. »

L'*Historia Jeschuæ Nazareni* fut réimprimée à
Leyde, en 1705, en hébreu et en latin, avec des notes
d'un autre savant, J.-J. Huldrich, qui, marchant sur les
traces de Wagenseil, n'épargna pas les qualifications
outrageantes au livre qu'il commentait. Nous croyons que
depuis, et dans des vues différentes de celles qui inspiraient
ces vieux érudits, le livre en question a été remis sous
presse deux ou trois fois ; nous avons conservé la note
d'une *Historia de Jeschua Nazarena*, 1793, 2 vol.
in-4°. C'est d'après le texte publié par Wagenseil, qu'il
a été donné quelques extraits de cet ouvrage à la fin des
Evangiles apocryphes, traduits et annotés par Gustave
Brunet, 2° édit, Paris, Franck, 1864, in-12.

En ce qui touche les impostures de Mahomet, on ne
sera pas étonné de voir les auteurs chrétiens du moyen
âge se déchaîner à son égard. Les récits qu'ils font au
sujet du fondateur de l'islamisme sont fréquemment
d'une absurdité rare : pour les uns, Mahomet est l'Ante-
christ ; d'autres en font un cardinal ; presque tous s'accordent à lui imputer bien des crimes et beaucoup d'excès.
Nous nous contenterons de signaler le *Roman de Mahomet*, poème composé au treizième siècle par un trouvère,
Alexandre Dupont, et que M. Francisque Michel a publié
à Paris, en 1831, avec des notes auxquelles se sont jointes
celles d'un très-savant orientaliste, M. Reinaud.

DE TRIBUS IMPOSTORIBUS

TRAITÉ

DES

TROIS IMPOSTEURS

DE TRIBUS

IMPOSTORIBUS

DEUM esse, eum colendum esse, multi disputant, antequam et quid sit *Deus*, et quid sit *esse*, quatenus hoc corporibus et spiritibus, ut eorum fert distinctio, commune est, et quid sit *colere Deum*, intelligant. Interim cultum Dei ad mensuram cultus fastuosorum hominum æstimant.

Quid sit Deus describunt secundum confessionem suæ ignorantiæ : nam, quomodo differat ab aliis rebus, per negationem justorum conceptuum efferant necesse est. Esse infinitum Ens, id est, cujus fines ignorant, comprehendere nequeunt. Esse Creatorem cœli et terrarum aiunt, et, quis sit ejus Creator non dicunt, quia nesciunt, quia non comprehendunt.

TRAITÉ

DES TROIS IMPOSTEURS

Qu'il y ait un Dieu, et qu'il faille lui consacrer un culte, maintes gens le prétendent, avant d'avoir compris la nature de *Dieu* et celle de l'*Etre*, en tant que l'Etre est commun aux corps et aux esprits, quelle que soit leur distinction, avant d'avoir *compris ce que c'est que rendre un culte* à Dieu ; et ils mettent autant de faste dans le culte que les rois dans leur cour.

La nature de Dieu, ils la définissent d'après leur ignorance. Car, pour le distinguer des autres êtres, ils sont, faute d'idées adéquates, obligés de procéder par négations. Ils ne peuvent comprendre que ce soit un être infini, c'est-à-dire, dont ils ignorent les limites. Ils en font le créateur du ciel et de la terre ; et ils ne disent pas quel est son créateur, parce qu'ils l'ignorent, parce que leur intelligence ne va pas jusque-là.

Alii ipsum sui principium dicunt, et a nullo, nisi
a se, esse contendunt; itidem ii dicentes quid, quod
non intelligunt. Non, aiunt, capimus ejus principium;
ergo non datur. (Cur non ita : non capimus ipsum
Deum; ergo non datur.) Atque hæc est ignorantiæ
prima regula.

Non datur processus in infinitum. Cur non? Quia
intellectus humanus in aliquo subsistere debet. Cur
debet? Quia solet, quia non potest sibi aliquid ultra
suos fines imaginari, quasi vero sequatur, ego non ca-
pio infinitum; ergo non datur.

Et tamen, uti experientia notum, inter Messiæ
Sectarios aliqui processus infinitos divinarum, sive
proprietatum, sive personarum, de quarum finitioni-
bus lis tamen adhuc est, et sic omnino dari processus
in infinitum statuunt. Ab infinito enim generatur
Filius : ab infinito spiratur Spiritus Sanctus.

In infinitum generatur, proceditur. Si enim cœpis-
sent, aut si desinerent semel generatio ista, spiratio,
æternitatis conceptus violaretur.

Quod si etiam in hoc cum istis convenias, quod hominum procreatio non possit in infinitum extendi,
quod tamen propter finitum suum intellectum ita
concludunt, nondum jam constabit an non et suo
modo aliæ inter superos generationes, eæque tanto
numero fuerint, ac hominum in terra, et quis ex tanto
numero pro Deo præcipuo recipiendus? Nam et

Suivant d'autres, il est à lui-même son principe, et ne procède que de lui-même. C'est une affirmation hors de la portée de leur intelligence. Nous ne concevons pas, disent-ils, son principe; donc il n'a pas de principe. (Pourquoi pas : Nous ne comprenons pas Dieu; donc pas de Dieu); et c'est là la première règle que pose l'ignorance.

Il n'existe pas de procession à l'infini. Pourquoi non? Parce que l'intelligence humaine doit s'arrêter à un point donné. Pourquoi? Parce que telle est sa nature; parce qu'elle ne peut rien imaginer qui dépasse sa portée. Mais pourrait-on conclure : je ne conçois pas l'infini, donc pas d'infini?

Et cependant, l'expérience l'a prouvé, parmi les sectateurs du Messie, il en est qui établissent des processions infinies, soit des propriétés, soit des personnes divines, tout en ne s'entendant pas sur les définitions; et ils en concluent des processions à l'infini. Car de l'infini est engendré le Fils, et de l'infini émane le Saint-Esprit.

La génération, la procession s'étend à l'infini. Car si cette génération, cette émanation avaient un commencement et une fin, ce serait en contradiction avec l'idée de l'éternité.

Si vous tombez d'accord avec eux sur ce point : que la génération des hommes ne peut aller à l'infini, — conclusion à laquelle les conduisent pourtant les bornes de leur intelligence — n'en faudrait-il pas induire que les dieux aussi ont eu leurs générations, dont le nombre égalerait celles des hommes? Dans ce cas, quel serait le dieu suprême? Car toute religion

Mediatores Deos dari omnis religio concedit, quamvis
non omnes sub æqualibus terminis. Uñde illud principium : *Ens supra hominem, per naturam suam ele-
vatum, debere esse Unum,* labefactari videtur. Atque
inde ex diversitate Deorum progeneratorum diversi-
tates religionum et varietatem cultuum postmodum
ortas dici poterit : quibus potissimum Ethnicorum
nititur devotio.

Quod autem objicitur de cædibus aut concubitu
Deorum paganorum, præterquam quod hæc mystice
intelligenda sapientissimi Ethnicorum jam dudum
ostendere, similia in aliis reperiuntur : strages tot
gentium per Mosen et Josuam Dei jussu perpetratæ ;
sacrificium humanum etiam Deus Israelis Abrahamo
injunxerat. Effectus non secutus in casu extraordinario. Nil autem jubere poterat, aut serio juberi ab
Abrahamo credi poterat, quod prorsus et per se Dei
naturæ adversum fuisset. Mahomet in præmium suæ
superstitionis totum orbem pollicetur. Et Christiani
passim de strage suorum inimicorum, et subjugatione
hostium Ecclesiæ vaticinantur, quæ sane non exigua
fuit, ex quo Christiani ad rerum publicarum gubernacula sederunt. Nonne polygamia per Mahometem,
Mosen, et ut pars disputat, in Novo Testamento
etiam concessa? Nonne Deus Spiritus Sanctus pecu-
liari conjunctione ex virgine desponsata, Filium Dei
progeneravit?

Quæ reliqua de ridiculis idolis, de abusu cultus
Ethnicis objiciuntur, tanti non sunt, ut nec paria
reliquis Sectariis objici queant ; tamen abusus a

admet des dieux médiateurs ; mais pas tous dans les mêmes conditions. Ainsi serait ébranlé le principe : *qu'un être, au-dessus de l'homme, et de nature supérieure, doit être un.* L'on aurait ainsi le droit de dire que les différentes religions et les différents cultes sont nés de la diversité des dieux procréés, et cette diversité serait le fondement principal du culte païen.

On objecte les meurtres et les amours des dieux païens. Mais, outre qu'il faut y attacher un sens mystique, depuis longtemps reconnu par la sagesse antique, cette objection tombe sur d'autres dieux. Voyez les massacres de Moïse et de Josué, sur l'ordre de Dieu ; le sacrifice d'Abraham, commandé par le dieu d'Israël. S'il ne fut pas consommé, ce fut un hasard extraordinaire ; mais il était en contradiction avec la nature de Dieu, et le commandement ne devait pas être pris au sérieux par le patriarche. Mahomet, pour prix de sa superstition, promet l'empire du monde. Les prophéties des chrétiens leur annoncent la destruction des infidèles, la soumission des ennemis de l'Eglise, soumission qui a fait des progrès, depuis que le christianisme est monté au trône. La polygamie n'est-elle pas autorisée par Mahomet, par Moïse, et même par le Nouveau Testament, dans l'opinion de plusieurs ? Dieu le Saint-Esprit, par son union avec une jeune fiancée, n'a-t-il pas procréé le fils de Dieu ?

Les autres objections que l'on adresse aux païens sur le ridicule des idoles et l'abus du culte ne sont pas tellement invincibles que l'on ne puisse les opposer

Ministris potius, quam Principibus, a Discipulis magis
quam Magistris religionum provenisse, facili labore
monstrari potest.

Cæterum, ut ad priora redeam, hoc Ens, quod intellectus processum terminat, alii *Naturam* vocant,
alii *Deum*. Aliqui in his conveniunt, alii differunt.
Quidam mundos ab æternitate somniant, et rerum
connexionem *Deum* vocant; quidam *Ens separatum*,
quod nec videri nec intelligi potest, quamvis et apud
hos contradictiones non infrequentes sint, *Deum* volunt. Religionem, quatenus concernit cultum, alii in
metu invisibilium potentium, alii in amore ponunt.
Quod si potentes invisibiles falsi sint, idololatra effi-
citur una pars mutuo ab altera, prout sua cuique
principia.

Amorem ex benevolentia nasci volunt, et gratitu-
dinem referunt, cum tamen ex sympathia humorum
potissimum oriatur, et inimicorum benefacta odium
gravius maximum stimulent, licet id hypoc. 'arum
nemo confiteri ausit. At quisnam amorem ex benevolentia ejus emanare statuat, qui homini leonis, ursi et
aliarum ferociorum bestiarum particulas indidit, ut
naturam contrariam inclinationi creatoris indueret?
Qui, non ignorans debilitatem humanæ naturæ, arbo-
rem ipsis posuerit, unde certe norat reatum ipsos
hausturos, sibi et omnibus suis successoribus (uti
quidam volunt) exitialem. Et hi tamen, quasi insigni
beneficio, ad cultum vel gratiarum actionem tenean-
tur. Sc. hoc Ithacus velit, etc. Arripe mortalia arma,

aux autres sectes ; *et encore ne faudrait-il pas se
donner beaucoup de peine pour montrer que les abus
sont dûs aux ministres plutôt qu'aux chefs, aux disciples plutôt qu'aux maîtres.*

Au reste, pour revenir à mon propos, cet Etre,
auquel s'arrête la portée de l'intelligence, c'est *la
Nature*, pour les uns ; c'est *Dieu* pour les autres, en
querelle sur certains points, unis sur plusieurs. Il en
est qui rêvent l'éternité des mondes, et nomment *Dieu*
l'ensemble des choses. Il en est qui veulent que *Dieu*
soit un être distinct, inaccessible à la vue et à la pensée ; et encore, chez ceux-ci les contradictions ne sont
pas rares. La religion, en tant qu'elle consiste dans le
culte, les uns la placent dans la crainte ; les autres,
dans l'amour des puissances invisibles. Que si ces
puissances invisibles sont fausses, chaque parti, suivant ses principes, accusera l'autre d'idolâtrie.

L'amour, dit-on, naît de la bienveillance, à preuve
la reconnaissance ; tandis qu'il a bien plutôt sa source
dans la sympathie des humeurs, et que les bienfaits
d'un ennemi enveniment la haine, bien que nul
hypocrite n'ose en faire l'aveu. Qui prononcera
que l'amour naisse de la bienveillance de celui qui
a mis dans le cœur de l'homme les fibres du lion, de
l'ours et d'autres animaux, lui infusant une nature
contraire à la pensée du créateur ; qui, connaissant
fort bien la fragilité humaine, défendit au premier
homme un fruit qu'il savait devoir être à coup sûr
une cause de péché mortel pour lui et *toute sa race*,
à ce que prétendent aucuns ? Et l'on voudrait qu'un
pareil bienfait mérite un culte et la reconnaissance !

2

e. g. ensem, si certissima præscientia tibi constet
(quam tamen et alii, quoad contingentia, in Deo non
dari adstruunt), hoc ipso eum, cui ob oculos ponis,
arrepturum, seque et suam progeniem omnem mise-
randa morte interemturum : cui adhuc aliqua huma-
nitatis gutta supererit, horrebit talia perpetrare. Ac-
cipe, inquam, gladium, qui e. g. pater es, qui amicus
es; et si pater es, si amicus genuinus, objice amico
vel liberis, cum jussu ne incurrant, citra omnem du-
bitationem tamen et incursum vel miserandam stra-
gem suorum, eorumque adhuc innocentium, daturum
providens. Cogita, qui pater es, an ejusmodi factu-
rus esses? Quid est ludibrium prohibitioni afferre,
si hoc non est? Et tamen Deus hæc præcepisse debuit.

Hunc ex benefacto suo colendum esse volunt, quia,
aiunt, si Deus est, colendus est. Simili modo uti inde
colligunt : Magnus Mogol est, ergo colendus. Colunt
etiam eum sui; sed cur? Ut nempe impotenti ejus et
omnium Magnatum fastui satisfiat, nil ultra. Colitur
enim potissimum ob metum potentiæ visibilis (hinc
morte ejus exolescit), spemque dein remunerationis.
Eadem ratio in cultu parentum et aliorum capitum
obtinet. Et quoniam potentiæ invisibiles graviores et
majores habentur visibilibus, ergo etiam magis colen-
das esse volunt. Atque hi, Deus ob amorem colendus,
inquiunt. At quis amor innocentes posteros, ob unius
certo provisum, proin et præordinatum lapsum
(præordinationem concedendo ad minimum), objicere
reatui infinito? Sed redimendos, inquis. At quomodo?
Pater unum Filium miseriæ addicet extremæ, ut alte-

Hoc Ithacus velit. Prends des armes meurtrières, un glaive, par exemple. Si tu as l'infaillible prescience (mais cette prescience des futurs contingents plusieurs la refusent à Dieu) que celui à qui tu remets cette arme en fera l'instrument de sa mort et de toute sa race, s'il te reste un grain d'humanité, tu reculeras devant une semblable horreur. Tu es père, tu es un ami sincère ; eh bien ! prends un couteau, donne-le à tes enfants, à tes amis, en leur en défendant l'usage, et cela dans la prévision certaine qu'ils s'en serviront contre eux, contre leur postérité innocente ; j'en appelle à tes sentiments paternels, le feras-tu ? N'est-ce pas une plaisanterie qu'une pareille défense ? Et on l'attribue à Dieu !

Les uns veulent qu'il mérite un culte par ses bienfaits ; car, dit-on, si Dieu existe, il doit être adoré. C'est comme si l'on disait : Le Mogol est grand, donc il doit être honoré. En effet, ses sujets lui rendent leurs hommages. Pourquoi ? Pour qu'il satisfasse à son faste et à celui de ses émirs. Il reçoit ces hommages, grâces surtout à la crainte d'une puissance visible (aussi, une fois mort, il est oublié), grâces aussi à l'appât des récompenses. Le culte des parents et des princes n'a pas d'autre fondement ; et parce qu'on attribue aux puissances invisibles plus de grandeur et de force qu'aux puissances visibles, on veut qu'elles aient plus de droit aux respects.

Les autres disent que nous devons notre culte à Dieu pour son amour. Or, quel amour, qui a exposé à une coulpe infinie une postérité innocente, et cela par la chute prévue et prédestinée (en accordant au

rum cruciatibus haud minoribus tradat propter prioris redemtionem.

Nil tam leve noverunt Barbari.

At cur amandus, cur colendus Deus est? Quia creavit. Ad quid? ut laberemur; quia certo præscivit lapsuros, et medium proposuit pomi vetiti, sine quo labi non poterant! Et tamen, colendum esse, quia ab eo omnia dependent in fieri, addunt tamen alii in esse quoque et conservari.

Quem in finem colendus Deus est? An ipse cultus indigus aut cultu placatur? Ita quidem est: parentes et benefactores coluntur apud nos. Sed quid hic cultus est? Societas humana mutuæ indigentiæ prospicit, et cultus est ob opinionem potentiæ nobis subveniendi majoris et propioris. Subvenire vult alteri nemo sine mutuo adjumento suæ quoque indigentiæ. Agnitio beneficii et gratia vocatur, quæ majorem recognitionem sui beneficii postulat, utque exin celebretur, alter ei ad manus velut pedissequa sit, ut claritatem etiam et suspicionem magnificentiæ apud alios suscitet. Scilicet opinio aliorum de nostra potentia subveniendi particulari vel communi indigentiæ nos titillat, cristas pavonis instar erigit, unde et magnificentia inter virtutes est. Ast, quis non videt imperfectionem nostræ naturæ? Deum autem omnium perfectissimum indigere aliqua re, quis dixerit? Velle autem ejusmodi, si

moins la prédestination)? Et la rédemption? A quel
prix? Un père livre un fils à d'épouvantables misères,
et, pour le racheter, en livre un autre à des tortures
égales!

Les barbares ne sont pas capables d'une pareille
légèreté.

Mais pourquoi Dieu doit-il être aimé, adoré?
Parce qu'il a créé. A quelle fin? Pour préparer
notre chute, puisqu'il avait la prescience qu'à coup sûr
nous tomberions, et qu'il a fourni l'occasion du fruit
défendu, sans lequel la chute était impossible. Et
cependant il doit être adoré, parce que toutes
choses lui doivent leur développement; suivant d'autres, leur existence aussi et leur conservation.

Et quel serait le but de l'adoration? Dieu a-t-il
besoin d'un culte? Le culte sert-il à l'apaiser?
Nous honorons nos parents et nos bienfaiteurs. Mais
qu'est-ce que ce respect? La société humaine pour-
voit aux besoins mutuels; et le respect trouve son
motif dans l'opinion d'une puissance plus grande et
plus proche, capable de nous venir en aide. Personne
ne veut aider à autrui sans réciprocité. Si l'on rend
service, on exige une reconnaissance supérieure; on
veut que le bienfait soit célébré; on réduit l'obligé
au rôle de client, condamné à sonner la trompette,
à préconiser la renommée de sa munificence. C'est
que nous sommes chatouillés que le public croie
à notre pouvoir de subvenir à l'indigence privée ou
générale; c'est que nous nous pavanons à cette réputation; et par suite, la générosité est montée au rang
des vertus. Pour nous, on connaît l'imperfection de

perfectus sit, et jam in se satis contentus et honora-
tus, citra omnes extra eum honores, quis dixerit, nisi
qui indigere eum? Desiderium honoris, imperfectionis
et impotentiæ signum præbet.

Consensum omnium gentium hoc in passu urgent
aliqui, qui vel solos populares suos vix omnes allocuti,
vel tres aut quatuor libros de testimonio universi
agentes inspexerunt; quatenus vero auctori de moribus universi constet non perpendentes. At nec boni illi
auctores omnes norunt. Nota tamen de cultu, fundamentum in ipso Deo et operibus ejus, non in solo alicujus societatis aliquo interesse habente, hic quæstio-
nem esse. Nam ex usu id esse, potissimum imperan-
tium et divitum in republica, ut exteriorem aliquam
religionis rationem habeant, ad emolliendam feroci-
tatem populi, nemo est, qui non intelligat.

Cæterum de priori ratione sollicitus, quis in prin-
cipali religionis christianæ sede, Italia, tot Libertinos,
et ut quid gravius dicam, tot Atheos latere credat, et
si crediderit, qui dicat consensum omnium gentium
esse : *Deum esse, Eum colendum esse?* Scilicet, quia
saniores tamen id dicunt. Quinam saniores? Summus
Pontifex, Augures et Auspices veterum, Cicero, Cæ-
sar, Principes, et his adhærentes Sacerdotes, etc.
Unde vero constat, quod sic dicant et statuant uti
dicunt, et non ob interesse suum talia præ se ferant?
Hi nempe ad gubernacula rerum sedent, et reditus ex
populi credulitate, summam invisibilium potentiam et
vindictam minati, suamque quandoque cum his inti-

notre nature ; mais Dieu, le plus parfait des êtres, qui
dira qu'il a besoin de rien ? Et à moins que de lui
supposer des besoins, qui pourrait lui attribuer un
pareil sentiment, à lui, en lui-même renfermé, indif-
férent à tous les hommages extérieurs ? Le désir de
l'honneur est un signe d'imperfection et d'impuissance.

Ici, plusieurs font valoir l'accord de toutes les nations, eux qui ont à peine connaissance de l'*opinion
de leur pays*, ou jeté un coup d'œil sur trois ou quatre
livres traitant du témoignage de l'Univers, sans ré-
fléchir à quel point les auteurs se sont assurés de l'opinion de l'Univers. Et encore ces braves gens n'ont-ils
pas consulté tous les auteurs. Notez cependant qu'il
est ici question du culte qui a son fondement en Dieu
et dans ses œuvres, et non dans aucun intérêt social ;
car il n'est personne qui ne sache qu'il est dans l'intérêt, surtout des gouvernants et des riches, d'établir
une forme religieuse, afin de mater la fierté du peuple.

Au reste, en nous attachant au premier motif, qui
croirait que dans le siége principal de la religion, en
Italie, il se cache tant de libres penseurs, et, pour dire
chose plus grave, tant d'athées ? Et, si on le croit,
comment invoquer le consentement universel en faveur
de cette thèse : *Qu'il y a un Dieu, et qu'il faut
l'adorer ?* Mais c'est la croyance des sages. Quels
sages ? Le souverain pontife, les augures, les auspices
des anciens, Cicéron, César, les principaux patriciens,
et les prêtres leurs adhérents etc. D'où conste-t-il qu'ils
parlent comme ils pensent, et que leur langage n'est
pas dicté par l'intérêt ? Car, assis au timon du char,
menaçant de la vengeance des puissances invisibles,

miorem collationem et nexum ementiti, pro sua luxu-
ria idoneos vel excedentes sibi acquirunt. Sacerdotes
enim talia docere, mirum non est, quia hæc ratio vitæ
ipsorum sustentandæ est. Et hæc sunt ea saniorum
dictamina.

Dependeat hoc universum a directione primi mo-
ventis; at vero id dependentia prima erit. Quid enim
impedit, quo minus talis primus DEI ordo fuerit, ut
omnia, cursu semel præstituto, irent usque ad terminum præfixum, si quem præfigere voluit? Nec nova
cura, dependentia vel sustentatione jam opus erit, sed
ipsis ab initio cuique virium satis largiri potuit. Et cur
non fecisse autumandus? Nec enim visitare eum omnia
elementa et universi partes, sicut Medicus ægrotum,
credendum est.

Quid ergo de conscientiæ testimonio dicendum, et
unde illi animi metus ex malefactis, si non constaret
nobis speculatorem et vindicem desuper adstare, cui
ista displiceant, utpote cultui ejus omnino contraria?
Non jam animus est naturam boni vel mali, nec pe-
ricula præjudiciorum et plurimi timoris vanitates, ex
præconceptis opinionibus oriundas, altius persequi:
id tantum dico, inde hæc ortum ducere, quia nempe
omnia malefacta nituntur in corruptione et conver-
sione harmoniæ subveniendi mutuæ indigentiæ, quæ
genus humanum sustentat; et quia opinio de eo, qui
promovere magis quam adjuvare indigentiam istam
velit, odiosum eum reddit. Unde contingit, ut ipse
timeat, ne vel aversionem aliorum et contemtum in-

avec lesquelles ils entretiennent d'intimes relations, ils soutirent à la crédulité du peuple des revenus qui dépassent même les besoins de leur luxe. Ce n'est pas merveille que les prêtres propagent un tel enseignement. Leur existence y est attachée. Et voilà la doctrine des sages.

Que cet univers dépende de la direction d'un premier moteur, mais cette dépendance est primitive ; car qui empêche que ce premier ordre de *Dieu* ne soit que toutes choses, une fois leur cours réglé, aillent jusqu'au terme préfix, si pourtant il lui en a voulu fixer un ? et il n'aura pas besoin de continuer ses soins, sa surveillance. L'impulsion initiale suffit. Et pourquoi ne pas penser qu'il l'a fait ? Car il ne faut pas croire que Dieu visite tous les éléments et les parties de l'univers, comme un médecin ses malades.

Mais que dirons-nous du témoignage de la conscience, de ces angoisses de l'âme chargée d'un crime, si nous n'avions pas la persuasion qu'il existe au-dessus de nous un être à l'œil et à la vengeance de qui rien n'échappe, et qui repousse le crime comme contraire à son culte ? Je n'ai pas dessein de scruter profondément la nature du bien et du mal, et les dangers des préjugés, et les vanités d'une crainte exagérée, qui a sa source dans des idées préconçues. Je dirai seulement que l'origine en est dans ce fait : que tous les crimes sont dus à la corruption et au renversement de l'harmonie, qui ordonne la réciprocité de l'assistance, harmonie qui est le lien de l'humanité, et que l'opinion poursuit de sa haine l'homme qui aime

currat, vel æqualem denegationem subveniendi indigentiæ suæ ; vel amittat potentiam suam insuper tum aliis, tum sibi succurrendi, quatenus nempe spoliationem potentiæ nocendi a reliquis metuere debet.

Atqui ita agere, aiunt, eos, qui non habent lumen Scripturæ S., secundum naturale lumen, pro conscientiæ suæ dictamine, quod certo arguat indidisse DEUM intellectui communi hominum scintillas suæ cognitionis et voluntatis aliquas, secundùm quas agentes, recte fecisse dicendi sint. Et quænam ratio horum colendi DEUM dictaminum esse queat, si non hæc sit? Cæterum, num bestiæ secundum ductum rationis agant multis rationibus disputatur, nec jam decisum est, quod tamen non moveo. Quis tibi dixit, quod id non fiat, aut quod politum brutum rudi homini et sylvestri quandoque intellectu et facultate dijudicandi, non præstet? Ut autem, quod res est, dicam, plurima otiosorum hominum pars , qui excogitationibus rerum subtiliorum et communem captum excedentium vacarunt, ut suo fastui satisfacerent atque utilitati, multas subtiles regulas excogitarunt, quibus nec Thyrsis nec Alexis, cura sua pastorali et rustica impediti, vacare potuerunt. Unde hi fidem otiosis speculantibus habuere, quasi sapientioribus, adde et aptioribus ad imponendum insipidis. Hinc, bone Alexi ! abi Panes, Sylvanos, Satyrosque, Dianas, etc. cole ; isti enim magni Philosophi tibi communicationem somnii Pompiliani facient, et concubitus cum Nympha Ægeria narrare, et hoc ipso ad istorum cultum

mieux favoriser que restreindre la misère. La conséquence en est que l'on craint d'encourir l'aversion
ou le mépris, ou de s'exposer à un refus d'assistance, ou
de perdre le pouvoir de faire son bien ou le bien d'autrui, puisqu'enfin l'on doit redouter de la part d'autrui d'être dépouillé de la puissance de nuire.

Telle est, dit-on, la conduite de ceux qui, n'ayant
pas la lumière de la Sainte-Écriture, suivent la lumière naturelle, écoutent la voix de la conscience :
ce qui prouverait que Dieu a allumé dans l'intelligence humaine quelques étincelles de sa connaissance
et de sa volonté ; et si les hommes y conforment leur
conduite, on dit qu'ils ont bien agi. Et quelle autre
raison peut-il y avoir d'adorer Dieu ? — Au reste,
la question est bien débattue de savoir : si les bêtes
agissent d'après l'inspiration de la raison. Elle attend
encore une solution ; et je ne la soulève pas. Qui t'a
dit que cela n'est pas ; ou qu'une bête civilisée ne
l'emporte pas en intelligence et en jugement sur le
sauvage grossier ? Pour dire la chose comme elle est,
la plupart des oisifs qui ont occupé leur pensée de
subtilités, afin de satisfaire leur faste et leur intérêt,
ont imaginé beaucoup de règles adroites, auxquelles
ni Thyrsis ni Alexis, empêchés des soins de leurs
troupeaux ou de leurs champs, n'ont pu penser. Aussi
ont-ils ajouté foi à ces oisifs spéculateurs, comme plus
sages ; ajoutez plus capables d'imposer à l'ignorance.
Va donc, brave Alexis, cherche les Pans, les Syl-
vains, les Satyres, les Dianes, etc. Adore-les ; car ces
grands philosophes te raconteront les songes de
Numa, ses nuits près de la nymphe Égérie ; et, pour

adstringere volent, proque mercede sui operis, et re-
conciliatione et favore illarum invisibilium potentia-
rum sacrificia succumque gregis et sudorem tuum pro
sua sustentatione desiderabunt. Et hinc, quia Thyrsis Panem, Alexis Faunos, Roma Martes, Athenæ
ignotos Deos coluere, credendum est bonos istos homines quædam ex lumine naturæ cognovisse, quia
otiosa speculantium inventa et attributa erant, ne
quid inclementius in aliorum religiones dicam.

Et cur hæc ratio non etiam dictitavit aberrare eos
in cultu, signaque et lapides tanquam Deorum suorum habitacula ridicule colere? At vero credendum
est, quia bonæ feminiculæ Franciscum, Ignatium,
Dominicum, et similes tanto cultu prosequantur, dic-
tare rationem ad minimum Sanctorum hominum
aliquem esse colendum, et istos ex lumine naturæ
perspicere cultum alicujus potentiæ superioris jam
non visibilis. Cum tamen hæc sint commenta otiosorum nostrorum Sacerdotum pro suæ sustentationis
lautiori incremento.

Ergone DEUS non est? Esto, sit; ergo colendus?
Sed hoc non sequitur, quia cultum desiderat. Sed desiderat, quoad cordi inscripsit. Quid tum amplius?
Sequemur ergo naturæ nostræ ductum. At is agnosci-
tur imperfectus esse: in quibus? Sufficit enim ad so-
cietatem hominum sic satis tranquille colendam. Nec
enim alii Religiosi revelationem secuti felicius vitam
transigunt. At magis est, quod de nobis exigit DEUS,
imprimis cognitionem DEI exactiorem. Sed tamen, qui

prix de leur œuvre, afin de te concilier la faveur de ces puissances invisibles, ils réclameront les sacrifices et la graisse des troupeaux, et le fruit de tes sueurs, à leur profit. Et parce que Thyrsis adore Pan ; Alexis, les faunes ; Rome, les Mars ; Athènes, les dieux inconnus, il faut croire que la lumière naturelle avait jeté quelques lueurs dans l'esprit de ces braves gens ; car c'étaient des inventions et des allégations oiseuses de spéculateurs, pour ne rien dire de trop sévère contre les religions étrangères.

Et pourquoi cette raison ne leur a-t-elle pas révélé l'erreur de leur culte et le ridicule d'honorer des statues et des pierres, comme si elles recélaient la présence des dieux ? Parce que de bonnes femmelettes ont tant de vénération pour François, Ignace, Dominique et autres pareils, il faut croire que la raison a révélé le motif de la vénération portée à tel ou tel des saints hommes, et que ceux-ci, par la lumière naturelle, ont reconnu le culte de quelque puissance supérieure qui n'est pas visible ; alors que ce sont des inventions de nos prêtres fainéants, afin de mieux garnir leur ratelier.

N'existe-t-il donc pas de Dieu ? Soit, qu'il existe. Faut-il donc l'adorer ? Mais rien ne dit qu'il réclame un culte. Mais il le réclame, puisqu'il l'inspire au cœur. Et puis quoi ? Nous suivrons donc l'instinct de la nature. Mais cet instinct est imparfait ; on l'avoue. En quoi ? Il suffit à la paix de la société. Car les autres religieux, qui obéissent à la révélation, ne goûtent pas une vie plus heureuse. Mais *Dieu* exige de nous davantage, une *connaissance de Dieu* plus

id spondes, cujuscunque religionis sis, non præstas.
Quid enim DEUS sit, in revelatione qualicunque ob-
scurius longe est, quam antea. Et quomodo concep-
tibus intellectus id clarius sistes, quod omnem intellectum terminat? Quid tibi videtur de his? DEUM
nemo novit unquam; item, oculus non vidit; item,
habitat in luce inaccessibili; item, post revelationem
adhuc in ænigmate? At, quanta ænigmatis claritas
sit, cuique notum credo. Verum, unde tibi id constat,
DEUM ista exigere? An ex desiderio intellectus ter-
minos sui captus superandi, et omnia perfectius, quam
facit, concipiendi, an aliunde?

Ex speciali revelatione! Quis es, qui hoc dicis?
Bone DEUS! quanta revelationum farrago! Oracula
ethnicorum prodis? Hæc jam risit antiquitas. Sacerdotum tuorum testimonia? Sacerdotes tibi offero con-
tradictorios. Pugnetis invicem : sed, quis judex erit?
quis controversiæ finis? Mosis, Prophetarum, Apostolorum scripta profers? Opponit se tibi Alcoranus,
qui hæc corrupta dicit ex novissima revelatione; et
auctor ejus divinis miraculis se gloriatur corruptelas
et altercationes Christianorum gladio secuisse; uti
Moses Ethnicorum. Vi enim Mahomet, vi et Moses
Palæstinam subjugavit, uterque magnis miraculis
instructus. Et Sectarii istorum, ut et Vedæ et Brach-
mannorum ante MCCC retro secula obstant collecta-
nea, ut de Sinensibus nil dicam. Tu, qui in angulo
Europæ hic delitescis, ista negligis, negas; quam
bene, videas ipse. Eadem facilitate enim isti tua ne-
gant. Et quid non miraculorum superesset ad convin-

exacte. Mais cette promesse dont tu me flattes, quelle
que soit ta religion, tu ne la tiens pas. Toute révélation n'est bonne qu'à obscurcir la notion de Dieu. La
rendras-tu plus claire à l'intelligence, alors qu'elle
dépasse toute intelligence ? Et que te semble de ces
affirmations : Personne n'a connu Dieu ; jamais œil
ne l'a vu; il habite au sein d'une lumière inaccessible?
Après la révélation, il demeure une énigme, et tout
le monde sait quelle est la clarté d'une énigme. Mais
d'où te vient l'assurance que *Dieu* a ces exigences ?
Est-ce du désir qu'éprouve l'intelligence de franchir
ses bornes, d'avoir de toutes choses une idée plus parfaite ; ou te vient-elle d'ailleurs ?

D'une révélation spéciale ? Qui es-tu pour le pré-
tendre ? Bon *Dieu !* quel fatras de révélations ! Tu
mets en avant les oracles des païens? Ils étaient déjà
la risée de l'antiquité. Les témoignages de tes prêtres? J'y oppose les témoignages contradictoires
d'autres prêtres. Chamaillez-vous. Mais qui sera le
juge, quelle la fin de la dispute? Tu présentes les
écrits de Moïse, des prophètes, des apôtres? Ils sont
combattus par le Coran, qui prétend que ces écrits
ont été abrogés par une dernière révélation, dont
l'auteur, invoquant des miracles divins, glorifie son
sabre d'avoir tranché les corruptions et les querelles des chrétiens, comme Moïse des païens. Car
c'est par la force que Mahomet, par la force que
Moïse a subjugué la Palestine, armés tous deux de
grands miracles. Contre toi se dressent les sectateurs
de Moïse et de Mahomet, aussi bien que les Védas
et les recueils des Brames, vieux de plus de treize

cendos orbis incolas, si mundum ex Scorpionis ovo
conditum et progenitum terramque Tauri capiti im-
positam, et rerum prima fundamenta ex prioribus III
Vedæ libris constarent, nisi invidus aliquis Deorum
filius hæc III prima volumina furatus esset! Nostri
id riderent, et apud eos novum hoc stabiliendæ religionis suæ argumentum foret, non tamen, nisi in
cerebro Sacerdotum suorum, fundamentum habens.
Et unde alias profecta tot immensa de Diis Ethnicorum volumina et mendaciorum plaustra? Sapientius
Moses, qui artibus primo Egyptiorum excultis, id
est, astrorum et Magiæ cultu, dein armorum ferocia,
Palęstinæ regulos sedibus extrusit, et specie colloquii
Pompiliani fidentem rebus suis exercitum in otiosorum hominum possessiones advexit : scilicet, ut ipse
esset Dux Magnus et frater ejus Sacerdos Maximus,
et ipse Princeps et Dictator aliquando populi esset.
Alii per vias dulciores et delinimenta populi sub
proferenda sanctitate... horresco reliqua proferre ; et
eorum Sectarii per pias fraudes, in occultioribus con-
venticulis, primo imperitam paganorum plebem, dein
et ob vim pullulantis novæ religionis, timentes de se
et odiosos principes populi occuparunt. Tandem alius
belli studiosus ferociores Asiæ populos, a Christianorum Imperatoribus male habitos, fictis miraculis ad
se adscivit; sub promissione tot beneficiorum et vic-
toriarum, exemplo Mosis, discordes et otiosos Asiæ
Principes subjugavit, et per acinacem religionem
suam stabilivit. Prior Ethnicismi, alter Judaismi,
tertius utriusque corrector habitus, quis Mahometis,
quis Mahometismi futurus sit, videndum est.

cents siècles, pour ne rien dire des Chinois. Toi, qui es ici perdu dans un coin de l'Europe, tu n'en as cure, tu nies. De quel droit? je t'en laisse juge. Mais eux ils se gênent tout aussi peu pour te nier. Et quelle surabondance de miracles n'aurions-nous pas pour convaincre les habitants du globe, si, pour être sûrs que le monde est sorti de l'œuf du Scorpion, que la terre repose sur la tête du Taureau, pour connaître les premiers fondements des choses, nous avions les trois premiers livres des Védas, que la jalousie d'un fils des dieux nous a dérobés? Les nôtres en riraient, et ils en tireraient un nouvel argument en faveur de leur religion, mais qui n'aurait de valeur que dans la cervelle de leurs prêtres. Et d'où vient cette masse de volumes sur les dieux des païens, cette charretée de mensonges? Bien plus dextrement Moïse, instruit dans la sagesse des Égyptiens, c'est-à-dire dans le culte des astres et la magie, chassa par la force des armes les roitelets de la Palestine, et, en feignant, comme Numa, des colloques avec la divinité, impatronisa dans les possessions d'habitants paisibles une armée pleine de foi dans sa fortune; et cela afin de faire de son frère un grand pontife, et se poser lui-même prince et dictateur du peuple. D'autres, par des voies plus douces, et captivant par une apparence de sainteté... je tremble d'en dire davantage, et leurs sectateurs, par de pieuses fraudes, dans d'obscurs conventicules, ont débuté par allécher l'ignorante plèbe des païens; et plus tard, grâce aux progrès de la nouvelle religion, ont, en dépit de leurs haines, asservi les princes tremblants. Enfin, un autre, amou-

4

Scilicet, eo credulitas hominum fraudibus subjecta est, cujus abusus sub specie alicujus utilitatis merito IMPOSTURA vocatur. Hujus in genere naturam et species hic latius evolvere nimis et longum foret et tædiosum. Cæterum id nobis observandum , quod concessa etiam naturali religione et debito cultu divino, quatenus per naturam dictari dicitur, jam omnis novæ religionis Princeps IMPOSTURÆ suspectus sit; potissimum, cum, quantæ in religione aliqua propaganda fraudes intervenerint, in aprico omnibus sit, et ex dictis et dicendis obvium.

Manet id ergo secundum oppositum prius immutabile : *Religionem et cultum DEI secundum dictamen luminis naturalis consentaneum et veritati et æquitati esse.* Qui vero aliud quid circa religionem statuere vult, vel novum, vel dissonum, idque auctoritate superioris invisibilis potestatis, suam reformandi potestatem evidenter producat necesse est, nisi ab omnibus *impostor* haberi velit, qui omnium sententiæ adversatur, non sub concluso ex naturali ratione, non sub revelationis specialis auctoritate. Insuper sit ejus-

reux des batailles, gagne par de faux miracles les
peuples plus sauvages de l'Asie, maltraités par les
empereurs chrétiens. Sous la promesse de tant de
bienfaits et de victoires, à l'exemple de Moïse, il sou-
mit les princes, affaiblis par leurs discordes et leur
fainéantise, et grâce au cimeterre, il affermit sa religion. L'un introduit la réforme dans le paganisme;
l'autre, dans le judaïsme; le troisième corrige l'œuvre
des deux premiers. Qui corrigera l'œuvre de Mahomet et de l'Islam?

La crédulité est facile aux fraudes. L'abus, qui se
pare de l'excuse d'utilité, mérite le nom d'*imposture*.
En développer plus au long la nature et les es-
pèces, serait un travail trop long et trop fastidieux.
Au reste, il nous faut observer ici que, une fois
admis la religion naturelle et le culte de Dieu, tout
fondateur de religion nouvelle, en tant qu'il invoque
la voix de la nature, devient suspect d'imposture;
surtout que le monde sait combien de fraudes ont
servi à la propagation de toute religion; et cela saute
aux yeux, d'après ce que nous avons dit et dirons.

Reste donc ce point inattaquable : que la religion
et le culte de Dieu, suivant la lumière naturelle,
sont conformes à la vérité et·à la justice. Mais qui
voudra introduire de nouveaux dogmes, ou seulement une nouvelle réformation, et cela sur l'autorité d'une puissance supérieure, invisible, celui-
là devra nécessairement produire ses pouvoirs, s'il ne
veut passer pour un imposteur qui vient contredire le
sentiment général, non en vertu de la raison naturelle, mais du chef d'une révélation spéciale. Il faut

modi vitæ ac morum probus, qui a multitudine dignus
credi possit, quem jam summum et Sanctum numen
in suam conversationem recipiat, cui nil placuit im-
puri quidquam ; nec id solum propria confessio aut
vita sic satis sancte anteacta, aut miracula aliqua, id
est *Actiones extraordinariæ*, probare poterunt; nam
et id magis artificiosis et deceptoribus hominum,
mendacibus, hypocritis commune est, qui ex istis
rebus commodum aut gloriam aucupantur; nec etiam
id omittendum, eo vesaniæ quosdam processisse, ut
sponte mortem appeterent, quo contemnere omnia et
sincere crederentur, uti varii apud philosophos veteres.
Nec etiam credendum peculiaribus eos divinis viribus
suffultos fuisse, in eo, quod ex inani imaginatione et
vana aureorum montium persuasione propter defectum judicii perpetrarunt. Hi enim nec rem satis judica-
runt, nec veri Doctores; quos ut probe discernas, dixi
non solum proprium eorum testimonium non sufficere,
sed et ipsos inter se et alios testes cum ipsis conferre
opus est, eosque tum notos et familiares, tum ignotos,
tum amicos et inimicos : atque dein collectis omnium
testimoniis, tum cujusque Doctoris de se ipso, tum
aliorum, veritatem rei penetrare. Et si testes ipsi nobis
ignoti sint, testes de testibus, et sic porro, consulendi
erunt. Adjecto insuper examine de tua judicandi
facultate; an capax sis, falsum talibus vel aliis cir-
cumstantiis, maxime vero similibus involutum, a vero
discernere, addita inquisitione, unde eas notas hau-
seris veritatis dignoscendæ; collato adhuc aliorum
judicio quid hi ex tali demonstratione vel testimonio
colligant. Atque hinc colligere licebit, an verus reve-

qu'il soit de telle probité de vie et de mœurs que la
multitude soit absoute de le croire digne des commu-
nications de l'Esprit saint, à qui ne plut jamais rien
d'impur ; et, pour cela, son propre témoignage est
insuffisant ; insuffisants une vie passée dans la sainteté, quelques miracles, c'est-à-dire, des actes en
dehors du cours ordinaire des choses. Car il aurait
cela de commun avec des mages artificieux, fourbes,
menteurs, hypocrites, à l'affût de l'intérêt ou de
la gloire. Et il ne faut pas oublier que plusieurs ont
poussé la folie jusqu'à marcher au devant de la mort,
afin d'acquérir le nom d'être au-dessus de tout.
Plusieurs anciens philosophes en ont donné l'exemple. Et il ne faut pas croire qu'ils aient été secondés
de l'assistance divine dans les résultats qu'ils ont
obtenus, grâce à une folle imagination, ou aux promesses de monts d'or, acceptées par la sottise. Car
ce n'étaient pas de vrais docteurs, et ils ne savaient
pas juger sainement des choses. Afin de les mieux
caractériser, j'ai dit que non seulement leur propre
témoignage ne suffit pas, mais encore qu'il faut
mettre en regard leurs propres paroles, confronter
leurs témoins, leurs connaissances, les étrangers, les
amis, les ennemis, et, après ce recolement de tous les
témoignages, pénétrer jusqu'à la vérité. Si les témoins
nous font faute, il faudra interroger les témoins des
témoins, et ainsi de suite. Vous devez encore mesurer
la sûreté de votre jugement, examiner si vous êtes
capable de discerner le vrai du faux, enveloppé de
telles ou telles circonstances ou vraisemblances, et rechercher où vous aurez puisé ces moyens de reconnaî-

lationis divinæ voluntatis nuncius sit, qui id præ se
fert, et an dictamen ejus presso pede sequendum sit.
At, ne hinc in circulum incidamus, omnino cavendum
est.

Cumque primarum religionum ea sit natura, ut
una aliam præsupponat, ut Mosis Paganismum,
Messiæ Judaismum, Mahumedis Christianismum, nec
semper aut quoad omnia, sed certis solum in partibus
posterior priorem rejiciat, quoad reliqua etiam in
priori se fundet, ut Messias faciunt et Mahomet; opus
erit non solum vel postremam, vel mediam vel priorem, sed omnes et singulas accurate perlustrare, præcipue cum in quavis secta *imposturæ* arguantur, ut
veteres a Messia, qui legem corruperint, Christiani a
Mahometo, qui corruperint Evangelium. Quoad hos
nil mirum, cum et Christianorum Secta altera alteram
corrupti textus N. T. arguat; ut constare queat, an
et hic, qui imitandus proponitur, veræ religionis duc-
tor sit, et quatenus ii, qui se præsuppositos dicunt,
audiendi sint. Nulla enim in examine Secta præter-
mittenda est, sed omnis conferenda, citra qualecunque
præjudicium. Nam, si unica prætermittatur, ea for-
san ipsa est, quæ verior est. Ita, qui Mosen sequitur,
veritatem secutus erit, etiam secundum Christianos;
cæterum in eo solo non debebat subsistere, sed et
veritatem Christianæ religionis indagare.

tre la vérité. Vous pèserez le jugement d'autrui sur telle démonstration ou tel témoignage. Alors il sera légitime de conclure si celui qui se vante d'être l'interprète de la volonté divine l'est en réalité, et s'il faut s'attacher à ses pas. Mais ici gardez-vous de tomber dans un cercle vicieux.

Car, comme l'essence des principales religions est telle que l'une présuppose l'autre, — ainsi Moïse, le paganisme ; celle du Messie, le judaïsme ; celle de Mahomet, le christianisme, — et que la dernière ne rejette pas tous les articles de la première, mais en plusieurs points s'appuie sur l'ancienne, ainsi que l'ont fait le Messie et Mahomet, il sera nécessaire non seulement de scruter soigneusement la dernière, la moyenne et la première, mais toutes et chacune, d'autant que dans chaque secte on accuse des impostures. Ainsi le Messie proteste contre la corruption de la Loi ; Mahomet, contre la corruption de l'Évangile ; pour ce qui regarde les chrétiens, rien d'étonnant, puisque chaque hérésie reproche à l'autre d'avoir falsifié le texte du Nouveau Testament. Et cela afin que l'on ait la conviction que celui que l'on donne pour modèle est bien l'initiateur de la vraie religion, et qu'on sache à quel point il faut donner créance à ses suppôts. Car il ne faut pas négliger l'examen d'une seule secte ; toutes doivent passer au creuset, sans idées préconçues. Car si l'on en passe une, c'est en elle peut-être que se trouve la vérité. Ainsi le disciple de Moïse aura suivi la vérité, même d'après les chrétiens ; mais il ne devait pas s'arrêter à lui, il devait scruter la vérité de la prédication messianique.

Omnes equidem Doctores secum esse unaquæque Secta asserit, et quælibet se id expertam, et quotidie adhuc experiri, nec dari alios meliores. Adeo ut vel omnibus credendum, quod ridiculum, vel nulli, quod est securius, usque dum vera sit via cognita, ne tamen ulla in collatione prætereatur.

Non obstat quod ut cognoscatur, bis duo esse quatuor, omnes mathematicos congregare. Res enim non est eadem, quia nemo est visus, qui dubitaverit an bis duo quatuor sint, cum e contrario religiones nec in fine, nec in principiis, nec in mediis concordent. Ponamus sic, ignorare me rectam salutis viam, sequor interim Brachmannos vel Alcoranum; nonne Moses et reliqui dicent : Et quid mali tibi a nobis profectum est, quod ita rejiciamur, meliores interim et veriores ? Quid respondebimus ? Credidi Mahumeto vel Gymnosophistis, in quorum doctrina natus, educatus sum, et unde intellexi tuam et sequentem Christianorum Religionem jam dudum abolitam et corruptam esse vel corruptrices esse. Nonne reponent, nescire se quicquam de illis, et illos deesse vero salutis ductu; quodque sciant quod corruptores sint et *impostores*, fictis miraculis et mendaciis populum delinientes. Nec ita simpliciter fidem adhibendam uni hominum vel sectæ, rejectis citra omne vel debitum examen reliquis omnibus. Eodem enim jure dicere Æthiopem, qui non egressus est de suis terris, non dari alterius quam nigri coloris sub sole homines.

Car *toute secte* affirme avoir pour elle tous les docteurs ; elle en a fait l'expérience, elle en renouvelle
l'épreuve tous les jours, elle a la conviction qu'il ne
s'en présentera pas de meilleurs. Ainsi, il faut croire
à tous, ce qui est ridicule ; ou à personne, ce qui est
plus sûr, jusqu'à ce que l'on soit entré dans la bonne
voie, pourvu qu'il n'y ait pas eu de lacune dans la
confrontation.

Pour savoir que deux et deux font quatre, il n'est
pas besoin d'un congrès de mathématiciens; on n'a
vu personne douter que deux et deux font quatre ;
tandis que *les religions ne s'accordent ni dans leur fin,
ni leurs principes, ni leurs moyens*. Je pose l'hypo-
thèse que j'ignore la véritable voie du salut, et, en
attendant, j'adopte les Bramines ou le Coran. Est-ce
que Moïse et les autres ne m'objecteront pas : Quel
mal t'avons-nous fait, pour que tu nous rejettes, nous
qui sommes pourtant les meilleurs, les plus vrais?
Répondrai-je : J'ai cru à Mahomet ou aux Gymnoso-
phistes, né et élevé que je suis dans leur croyance, et ils
m'ont enseigné que ta religion et celle des chrétiens qui
l'a remplacée, ont été depuis longtemps altérées et
corrompues, et que toutes deux sont corruptrices. Ne
me répliqueraient-ils pas qu'ils ne savent rien de
Brama ni de Mahomet, lesquels ignorent la vraie
route du salut; que ce sont, à leur sens, des corrup-
teurs, des imposteurs, séduisant le peuple par des
mensonges et de faux miracles; qu'il ne faut pas avoir
la simplicité d'ajouter foi à un individu ni à une
secte, et rejeter les autres sans examen. Le nègre
aurait le même droit de dire, s'il n'était pas sorti du

5

Præterea et id in examine Sectarum reliquarum attendi debet, ut par in omnium inquisitione diligentia adhibeatur, nec altera ingenti opera illustrata, reliquæ vix levi brachio tangantur, statim ob unam vel alteram positionem primo intuitu iniquam visam, aut famæ malos de principe ejus sectæ rumores, a tergo rejectis reliquis. Nec enim confestim pro dogmate vel indubitato testimonio habendum, quod vagabundorum primus quisque de adversa religione adseruerit. Eodem nempe jure primitus communi fama et sola nominis recensione, Christiana religio horrori aliis erat, aliis ludibrio : apud hos, quod asini caput colerent, apud illos, quod Deos suos comederent ac biberent, etc., ut Christianum esse, id demum capitalem DEI et hominum inimicum esse reputaretur ; cum tamen ejusmodi narrata vel male intellecta, vel egregia mendacia essent. Quæ inde confirmabantur, partimque orta erant, quod hostes illius religionis vel plane non, vel non récte cum ipsis Christianis, et ex his, scientioribus conferrent, verum primo idiotæ, vel desertori, aut inimico ejus crediderint. Cumque ita proposita examinis ratio tantæ difficultatis sit res, quid de infantibus dicemus, quid de feminis, quid de maxima plebis parte ? Exclusi jam erunt a securitate de sua religione omnes infantes, et feminarum maxima pars, cui et ea quoque, quæ clarissime, quam fieri potest, ex principiis alicujus religionis deducuntur, tenebræ sunt. Et ex earum modo vivendi probe conspicis non habere ipsas, nisi perpaucissimas eximas,

Soudan, qu'il n'y a sous le soleil que des hommes de couleur.

En outre, dans cet examen des sectes, il faut bien songer à les peser toutes à la même balance, à ne pas concentrer son attention sur l'une, et à ne toucher l'autre que du bout des doigts, parce qu'elle vous déplairait, à la première vue, par quelques trompeuses apparences, ou que vous éprouveriez de la répugnance pour la mauvaise réputation du fondateur. Il ne faut pas de suite prendre pour un dogme, ou un témoignage incontestable, ce que pourra vous affirmer de la religion étrangère le premier vagabond venu. Car, à l'origine, et par la même raison, la religion chrétienne, dans l'opinion générale, et par son nom seul, était pour les uns un objet d'horreur, pour les autres un sujet de raillerie ; auprès de ceux-ci, parce que les chrétiens adoraient une tête d'âne ; auprès de ceux-là, parce qu'ils mangeaient et buvaient leurs dieux, etc. ; de sorte que le chrétien était réputé un ennemi capital de Dieu et des hommes, alors que ces reproches n'étaient que des malentendus ou d'atroces calomnies. Ce qui confirmait l'opinion, ce qui lui donnait naissance, c'est que les ennemis de cette religion, ou n'avaient pas de relations, ou n'avaient que des relations passagères avec les chrétiens instruits, et qu'ils s'en rapportaient au premier venu, à un apostat, et peut-être à un ennemi. Et comme l'examen, tel que je le recommande, est chose de si grande difficulté, que dirons-nous des enfants, que dirons-nous des femmes, de la masse du peuple ? La certitude de la religion est lettre close

tam exactam facultatem penetrandi ejusmodi myste-
ria. Ut nihil de infinitate minuti populi aut rusticorum
dicam, quibus alimentorum suorum quæsitio pro
summa rationis est ; reliqua bona fide vel adsumunt,
vel rejiciunt. Ita scilicet minimæ orbis parti superest,
quæ omnes religiones ponderet, suam exacte conferat,
rationes veritatis vel fraudis, in quibus nempe minu-
tiis decipi posset, probe discernat ; sed potior numerus
aliorum fidem, ut plurimum rerum sacrarum Profes-
sorum, quorum scientia et judicandi in sacris facultas
notoria habetur, sequitur.

Idque in quavis religione, quod potissimum faciunt
ii, qui legere et scribere nequeunt, aut quod legant
non habent. Notandum autem erat quod hic non suf-
ficiat, religionis alicujus Doctores judicio et experientia professa satis accuratis pollere, ut vera a falsis
discernere queant ; sed et reliquis certo certius et judicio non minus accurato id constare debet, insuper,
habere illos verum a falso discernendi non modo facultatem, [sed] et [manifestandi] voluntatem. Certi
quippe adprime esse debemus, nec falli nec fallere
eum velle, qui ejusmodi scientiam et voluntatem pro-
fitetur.

Et qualem hic inter tot diversissimos etiam unius
sectæ palmariæ Doctores electionem faciemus? Quan-
do enim socios et collegas intuemur, qui in pluribus

pour les enfants et la plupart des femmes ; elles ne
voient que ténèbres dans les déductions les plus clai-
res, tirées des principes d'une religion, et vous pouvez
juger, à leur façon de vivre, que sauf le très-petit
nombre, elles n'ont pas grande facilité d'en pénétrer
les mystères ; pour ne rien dire des classes inférieures,
ou des manants, qui n'ont la pensée occupée que
d'une chose, leurs besoins, et le reste ils le gobent ou
le rejettent de bonne foi. Il n'est donc loisible qu'à la
minime fraction du monde de peser toutes les religions, de comparer la sienne, de discerner propre-
ment les raisons de vérité ou de fraude, où l'on peut
être déçu par des minuties ; mais la foule marche
comme un troupeau, acceptant d'habitude la foi du
professeur de choses sacrées, sur sa réputation de
savoir et de judiciaire.

C'est ce qui arrive dans toute religion, surtout
pour ceux qui ne savent lire ni écrire, ou à qui les
livres font défaut. Mais il fallait remarquer qu'il ne
suffit pas que les docteurs de religion brillent par le
jugement et l'expérience, afin de discerner le vrai du
faux ; il faut que les profanes aussi aient la conviction la plus sûre, non seulement de leur discernement,
mais de leur volonté de déclarer la vérité. Car nous
devons avoir l'assurance que qui professe cette
science ne veut être dupe ni fripon.

Et ici, parmi tant de différents docteurs d'une secte,
sur lequel devons-nous porter notre choix ? Car, quand
nous considérons ses coréligionnaires ou ses collègues,

sententiis disconveniunt, cæteroquin amicissimi, alte-
ruter dissentiens id faciet propter aliquem defectum,
vel quod rem non recte intelligat, atque ita facultate
judicandi careat; vel quod cedere nolit, et ita voluntatem vera fatendi non habeat. At, licet hoc in arti-
culis secundariis contingeret, tamen hi suspecti red-
duntur etiam quoad reliqua; in utroque quippe veritas
una est, et qui una in parte ab ea, vel ex defectu
judicandi, vel ex voluntate depravata recedit, ejus
rei etiam in reliquis suspectus, atque id merito, red-
ditur. Quare, ut judicare possis de habilitate vel
ingenuitate alicujus Doctoris in religione, primo æque
habilis sis ac ille necesse est, alias enim facillime
imponere tibi poterit; et ille præterea, si tibi non
omnino sit notus, testimonio aliorum indigebit, et hi
rursus aliorum, quod in infinitum tendit, nec solum
veritatis, scilicet docuisse talia ipsum, sed et ingenui-
tatis, citra fraudem id fecisse. Et de testibus ingenui-
tatis et dictorum itidem ratio omnino habenda erit.
Quem vero hic terminum pones? Nec id satis est,
apud alios talia jam disputata esse; quam bene etiam
id factum sit videndum. Communes namque demon-
strationes, quæ publicantur, nec certæ nec evidentes
sunt, et res dubias probant per alias sæpe magis
dubias; adeo, ut exemplo eorum, qui circulum cur-
runt, ad terminum semper redeas, a quo currere in-
cepisti.

Ut constet, aliquem vere religionis Doctorem aut
Impostorem esse, opus est vel propria nostra expe-

sur plusieurs points en opposition avec lui, malgré leur
amitié, les dissentiments ont puisé leur origine ou
dans un défaut d'intelligence — ce qui dénonce un
vice de jugement — ou dans l'attachement opiniâtre
à ses idées, ce qui accuse peu d'amour pour la vérité.
Admettons que cette dissidence ne porte que sur des
articles secondaires. Il n'en est pas moins que les
autres points en deviennent suspects. Des deux côtés,
en effet, la vérité est une, et qui s'en écarte d'une
part, soit vice de jugement ou de volonté, mérite à
tous autres égards de justes soupçons. C'est pourquoi,
afin que vous puissiez juger de la capacité et de la
sincérité d'un professeur de religion, il est indispen-
sable d'abord que vous ayez une capacité égale, car
il pourrait facilement vous en imposer ; et puis, s'il ne
vous est point parfaitement connu, il aura besoin des
témoignages d'autrui, et ceux-ci d'autres à leur tour
(ce qui mène à l'infini), affirmant non seulement la
vérité de son enseignement, mais encore sa sincérité ; et quant aux témoins, la même garantie est nécessaire. A quel terme vous arrêterez-vous ? Et ce
n'est pas assez que la doctrine ait été débattue par
d'autres : il faut voir comment le débat a été conduit.
Car d'ordinaire les démonstrations, telles qu'elles
sont publiées, n'entraînent certitude ni évidence, et
prouvent des choses douteuses par d'autres souvent
plus douteuses. De sorte, qu'à la façon de ceux qui
courent dans un cercle, on revient toujours au point
de départ.

Afin d'être assurés que tel est, ou docteur de religion,
ou imposteur, nous avons besoin, ou de notre pro-‘

rientia, quæ nobis circa III magnos Religionis Ju-
daicæ, Christianæ et Mahomedanæ Principes non
contigit, utpote et remotissimos et pridem diu ante
nos mortuos ; vel aliena, quam si quis nobis commu-
nicet, testimonium vocamus. Superest adhuc media
via, videlicet cognoscendi aliquem per scripta sua,
quam testimonium proprium alicujus de se ipso vocare
liceat. Atque ejusmodi quid de Christo non superest.
De Mose, an quid supersit, dubitatur. De Mahomede
superest Coranus. Testimonia aliorum sunt vel amicorum vel inimicorum, nec datur inter hoc tertium,
secundum tritum illud : Qui non est mecum, contra
me est. Quod proprium alicujus de se testimonium
attinet, Mahomedes in scriptis suis æque divina sibi
sumit et attribuit, quam Moses et alius quivis. Quoad
reliqua, amici Mahomedis et Sectatores ejus æque id
de eo ipso scripserunt, ac Sectatores reliquorum de
suis. Inimici reliquorum æque male de ipsis , ac
horum amici de isto. De cætero testimonia alicujus de
se ipso, ad faciendam fidem indubitatam, nimis fra-
gilia sunt et nullius momenti, nisi ad confundendum
forte auditorem incogitantem. Amicorum asserta
ejusdem farinæ sunt, quippe qui uno ore idem cum
suo loquuntur. Nec inimici contra aliquem audiendi
sunt, propter interesse concurrens. Jam vero his non
obstantibus, quilibet alicujus ex tribus socius, omne
imposturæ adversarii sui fundamentum, et omne veritatis sui principium ex ejusmodi levibus rationibus
sumit, quæ non nisi propria gloria, vel amicorum
assertis, vel inimicorum obtrectationibus confirman-
tur. Nihilominus tamen indubie Mahomedes apud

pre expérience — ce qui n'est point le cas pour les
trois grands fondateurs des religions juive, chrétienne
et musulmane, puisqu'ils sont séparés de nous par un
long éloignement et une existence depuis longtemps
passée, — ou de l'expérience d'autrui. Celle-ci prend
le nom de témoignage, dès qu'on nous la communique.
Il reste encore une voie moyenne, savoir d'interroger
les écrits, témoignages du patriarche sur sa personne.
Le Christ n'a rien laissé ; de Moïse on doute qu'il subsiste rien ; Mahomet a laissé le Coran. Les autres
témoignages appartiennent à des amis ou des ennemis.
Il n'y a pas de milieu. Qui n'est pas avec moi est
contre moi. Quant au témoignage personnel, Mahomet, aussi bien que Moïse, et autres, s'attribue des
priviléges divins. Quant aux témoignages étrangers,
nous avons des écrits des amis de Mahomet et de ses
sectateurs, et ses fidèles, quant à lui, ont tenu le
même langage que les autres sectaires concernant
leur prophète. Toute secte a rencontré des calomnies
chez ses ennemis, des éloges chez ses amis. Du reste
le témoignage que chacun se donne a trop peu de force
et d'importance pour inspirer une foi complète ; il n'a
d'autre résultat que de jeter la confusion dans l'esprit de l'auditeur inattentif. Les assertions des amis
sont de la même trempe, puisqu'elles ne sont que
des échos de sa parole ; et l'on ne peut prêter l'oreille
aux ennemis : leur intérêt les rend récusables. Or,
malgré tout cela, les sectateurs des trois religions
cherchent tous, dans des raisons également futiles, la
preuve de l'imposture adverse, la vérité de leurs
principes, et ils ne trouvent d'appui que dans leur

6

Nostrates pro impostore habetur. Sed unde? Non ex propria, non ex amicorum, sed inimicorum testimonio. Contra ducitur apud Mahometanos pro sanctissimo Propheta. Sed unde? Ex [propria partim, partim ex] propria potissimum amicorum attestatione. Qui Mosen vel pro impostore, vel pro sancto doctore habent, eodem modo procedunt. Atque adeo æqualis ratio est, tam quoad accusationem, quam declinationem imposturæ in Mahomede atque in reliquis, etsi nihilominus hi pro Sanctis, ille pro nebulone, contra justitiæ debitum habeantur. Scholastico igitur more firmissime sic concluditur :

In quoscunque cadit æqualis ratio, quoad declinationem vel accusationem imposturæ cum Mahomede, eorum relatio in eandem classem exigitur justitia.

Atqui ex. gr. in Mosen cadit æqualis ratio. Ergo exigenda justitia pariter cum Mahomede est, nec pro impostore habendus.

Minor probatur α. quoad declinationem imposturæ : banc fieri per superius dicta testimonia, tum Mahomedis de se ipso, tum Mosis de se ipso bene scribentis, tum amicorum cujuslibet de suo principe, atque hinc jure sequi necesse est :

I. Quam vim probandi amici Mosis habent in ex-

propre gloire, ou les affirmations des amis, ou les reproches des ennemis. Pourtant chez nous Mahomet
passe, sans contredit, pour un charlatan. Mais pourquoi ? A coup sûr, ce n'est pas sur son propre témoignage, ni sur celui de ses amis : c'est sur les accusations de ses ennemis. Au contraire, chez les siens,
Mahomet passe pour un saint prophète. Mais sur quel
fondement ? En partie, sur son témoignage ; en partie,
surtout sur celui de ses amis. Ceux qui prennent
Moïse ou pour un imposteur ou pour un saint docteur,
suivent le même train. Des deux côtés, la raison est
donc la même, soit pour repousser, soit pour accueillir
l'accusation d'imposture contre Mahomet ou les
autres, quand même ceux-ci passeraient pour des
saints, celui-là pour un faquin, contre le devoir de la
justice. A la manière des scolastiques, on peut conclure très rigoureusement :

Quiconque est dans la même position que Maho-
    met, relativement à la justification ou au re-
    proche d'imposture, la justice veut qu'il soit
    rangé dans la même catégorie.
Or, Moïse est dans la même position ;
Donc, il faut exercer la même justice envers Ma-
    homet, et ne pas le traiter d'imposteur.

Je prouve la mineure : α. Relativement à la justi-
fication d'imposture, elle est fournie par les témoignages invoqués plus haut, tant de Mahomet quant
à lui, que de Moïse, dans le bien que ses écrits disent
de sa personne, et enfin des fidèles concernant chacun leur patriarche. De là suit très-justement :

I La force probante que possèdent les amis de

cusatione ejus, eam vim et Mahomedis amici
habere debent ab impostura.

— Atqui vim liberandi per testimonia sua favora-
bilia [amici Mosis habent], etc. Ergo, etc.

II. Et quam ad hunc finem habent libri Mosis, eandem quoque habebit Coranus.

Atqui. Ergo.

Adde et hoc, quod Muselmanni ex ipsis N. T. libris (quamvis secundum ipsos quoad reliqua multum
corruptis) varia etiam pro suo Mahomede argumenta
desumant; et praecipue praedicationem illam Christi
de futuro Paracleto tunc venisse volunt, et corruptio-
nem Christianorum [detexisse], novumque foedus in-
stituisse. Et licet Coranus accusetur alias multarum
ineptiarum et fabulosarum, immo impiarum, relatio-
num, haec tamen omnia sensu spirituali vel aliis mo-
dis explicari et [leniri] posse, cum quoad residua nil
nisi profundam sanctitatem et exactam morum regu-
lam, potissimum autem sobrietatem et abstinentiam
a vino inculcent. Et quod objici solet vina esse dona
Dei, responsionem accipere posse talia etiam esse
venena, nec tamen haurienda. Quod [additur] insuper
consuetum, quasi Coranus nimiam carnalitatem spi-
ret, et vitam aeternam (carnalibus) corporeis volupta-
tibus impleat, concessa praeterea tam indistincte polygamia; tanti non esse, ut destruere eum possit, cum
et [Moses] polygamiam concesserit, et in N. T. vita
aeterna convivia admittat, e. g. : Accumbetis cum
Abrahamo, Isaaco, etc. Item non gustabo vinum,
nisi in regno patris mei. De Cantico Salomonis nihil

Moïse pour l'excuser, les amis de Mahomet doivent l'avoir pour l'absoudre d'imposture.

Or, les amis de Moïse, par leurs témoignages favorables, ont la vertu de l'absoudre. Donc, etc.

II La valeur qu'à cette fin l'on donne aux livres de Moïse, il faut l'attribuer au Coran.

Or, etc... Donc, etc.

Ajoutez que les Musulmans tirent des livres mêmes du Nouveau Testament (bien que, d'après eux, corrompus en maints endroits), des arguments en faveur de leur Mahomet; surtout cette mission future du paraclet, annoncée par le Christ, ils veulent qu'elle soit réalisée par leur patriarche, et qu'il ait dévoilé les corruptions des Chrétiens, et institué une nouvelle alliance. Et bien que le Coran soit accusé de maintes inepties, de fables et de contes impies, les uns peuvent être pris dans un sens spirituel, ils peuvent recevoir des explications et des adoucissements, et les autres chapitres ne prêchent que la sainteté la plus exemplaire, une règle de mœurs parfaite et surtout la sobriété et l'abstinence du vin. Quant à l'objection : que les vins sont un don de Dieu; on peut répondre : les poisons aussi, et pourtant il faut s'en garder. Quant au reproche habituel que le Coran inspire une excessive sensualité et n'occupe là vie éternelle que de voluptés charnelles, en autorisant de plus une polygamie illimitée, ce reproche n'est pas décisif, puisque Moïse aussi a permis la polygamie, et que, dans le Nouveau Testament, la vie éternelle promet des banquets. Par exemple : Vous vous assiérez à la table

esse, quod addatur, quippe ista omnia, [bono] et spirituali sensu explicata, nil mali continere dicuntur, uti [et] hoc pacto dictus Coranus. *Et si contra verba Corani nimis rigorosi sumus, contra Mosis et aliorum scripta eodem rigore uti debemus. Quæ autem pro declinanda impostura ex ipso Mose argumenta exponuntur, ea non videntur justi et necessarii ponderis.*

I. Commercia Mosis divina nituntur proprio ipsius vel amicorum testimonio, nec proinde amplius quid valere possunt, quam similia argumenta Muselmannorum de colloquio Mahomedis cum Gabriele : *et quod majus est, hæc Mosis commercia ex ipso Mose (si omnia Mosis sunt, quæ vulgo feruntur esse) suspicionem imposturæ accipere,* uti infra dicendum.

II. Sanctimoniam vero ipsius non esse facile agnoscendam, nemo facile veland minimum jure dicere poterit, cui summa et gravissima Mosis crimina cognita sint. Talia autem sunt :

a) Latrocinium, quod non nisi amici ejus excusaverint; sed hos non esse justos rerum censores, nec officere locum favorabilem Lucæ in Actis Apostolorum, nam et de hujus testis ingenuitate et veracitate litem superesse.

d'Abraham, d'Isaac, etc. Je ne goûterai plus le vin que dans le royaume de mon père. Du cantique de Salomon il n'y a rien à dire, puisque, expliqué dans un sens spirituel, il ne contient, dit-on, rien de mauvais. Dites-en autant du Coran. Mais si nous sommes trop rigoureux envers le Coran, nous devons exercer la même rigueur contre les écrits de Moïse et des autres. Or les arguments que l'on puise dans Moïse, pour le défendre de l'accusation d'imposture, ne semblent pas avoir la justesse ni la puissance réquises.

I Les entrevues de Moïse avec Dieu n'ont d autre appui que son propre témoignage et celui de ses amis, et ne peuvent, par conséquent, avoir une plus grande autorité que les mêmes arguments des Musulmans, au sujet du colloque de Mahomet avec l'ange Gabriel. Et qui plus est, les entretiens de Moïse sont, d'après Moïse même (si tous les livres qu'on lui attribue sont de lui), suspects d'imposture, ainsi que nous le montrerons plus bas.

II Quant à sa sainteté, il ne sera facile à personne, au moins avec quelque justice, de la lui reconnaître, alors que l'on connaît ses crimes, tels que

a) Le larronnage, qui ne peut trouver d'excuse que près de ses amis. Mais on ne saurait croire à la justice de leurs appréciations, et l'on ne peut tirer parti d'un texte favorable de Luc dans les Actes des Apôtres, attendu que la sincérité et la véracité de ce témoin demeurent en question.

b) [Suscitationem] rebellionis ; nam eam a Deo ortam esse non probari, immo contrarium liquere posse, quod is alibi citetur interdicere resistentiam contra Tyrannos.

c) Bella, ut ut vocentur, contra præceptum ipsius Mosis V et VII, cædes, violentas rapinas, etc., eodem pacto, atque Pontifex in Indiis, vel Mahomed in suis finibus specioso Dei titulo abusi, suis ditionibus veteres possessores ejecerunt. Moses occidebat plurimos ; atque [internecionem] dabat, ut sibi et suis securitatem assereret.

d) Doctrinam de ablatione rerum alienarum sub simulatione mutui.

e) Obligationem erga Deum, qua Moses volebat mori æternum pro populo suo, utpote quæ petitio a Deo desideret talia, quæ essentiam ejus destruunt. Vid. Exod., XXX, 31, 32.

f) Neglectum præcepti divini de [Circumcisione], Exod., IV, 24, 25, 26. Et tandem

g) Primarium Mosis vitium, summam et crassam incredulitatem ejus, qui tanta miracula vi Dei perpetrasse legitur, et tamen propter lubricam suam fidem, ab ipso Deo graviter et cum comminatione pœnæ redarguitur. Vid. Numer. XX, 12.

Quantum ad probationem alterius argumenti scilicet accusationem *imposturæ* attinet, dici potest : Mahomedem esse *impostorem* nobis non constat

b) La provocation à la révolte ; car il n'est pas prouvé que Dieu en soit l'instigateur ; bien plus, le contraire est plausible, puisqu'un autre passage interdit la résistance contre les tyrans.

c) Les guerres, quel que soit le nom qu'on leur donne, contre les préceptes de Moïse même (**v.** et **vi.**), les massacres, les rapines violentes, etc. Absolument de la même façon que le Pape, dans les Indes, et Mahomet, en Arabie, abusant du nom de Dieu, ont chassé de leurs domaines les anciens maîtres. Moïse tuait, il recommandait l'extermination, afin d'assurer sa sécurité et celle des siens.

d) La doctrine du vol, sous prétexte d'emprunt.

e) L'obligation à laquelle Moïse s'engageait envers Dieu, de subir pour son peuple la mort éternelle : car c'est une demande qui détruit l'essence de Dieu. (Exod. **xxxii**, 31, 32.)

f) Son indifférence envers le précepte divin de la circoncision (Exod. **iv.** 24, 25, 26), et finalement :

g) Le vice capital de Moïse, son absolue et grossière incrédulité, après avoir opéré tant de miracles par la vertu de Dieu, et qui lui valut de Dieu de graves reproches et des menaces. (Num. **xx**, 12.)

Quant à la preuve de la seconde proposition, c'est-à-dire l'accusation d'imposture, on peut dire : Nous ne sommes pas assurés par notre expérience person-

experientia propria, ut supra monitum, sed testimonio
non amicorum suorum sed inimicorum. Tales autem
sunt omnes non-Mahomedani ob dictum : Qui non
est mecum, etc. Atqui hinc inde concluditur :

Quamcunque vim testimonium inimicorum in causa
unius habet, illam etiam habere debet in causa
alterius. Alias erimus iniqui, unum ex testimonio
inimicorum condemnando, alterum non : quo
facto omnis justitia corruet.

Atqui testimonium inimicorum in causa Mahome-
dis hanc vim habet, ut Mahomed pro *impostore*
habeatur. Ergo, etc.
Dico ulterius non solum suspiciones de *impostura*
Mosis ex alienis, sed et ex domesticis argumentis
peti posse : quo ipso tam per proprium quam per
alienum successorum tamen suorum testimonium argui posset. Quamvis etiam adhuc lis supersit :
I. an libri, qui dicuntur Mosis esse, sint ejusdem,
II. vel compilatorum,
III. vel Esdræ in specie ; et
IV. An Samaritana, an
V. genuina hebraica lingua scripti? Et si hoc non
sit, an
VI. Lingua ista a nobis intelligi possit. Quæ omnia
multis impugnari possent, et præcipue demon-
strari potest per priora capita Geneseos, linguam
istam a nobis recte explicari non posse. Nolle

nelle, mais par le témoignage non de ses amis, mais
de ses ennemis, que Mahomet soit un imposteur. Or,
tous les non-Musulmans rentrent dans cette catégorie,
d'après l'adage : Qui n'est pas avec moi, etc. On en
tire cette conclusion :

> Toute la valeur qu'on donne au témoignage d'un
> ennemi dans la cause d'un individu, on doit la
> donner dans la cause d'un autre. Autrement
> nous serions coupables d'injustice, condamnant
> l'un sur des témoignages ennemis, et non l'autre.
> Par là, toute justice serait ébranlée.

Or, le témoignage des ennemis a, dans la cause de
Mahomet, la puissance de faire passer Mahomet
pour un imposteur. Donc, etc.

Je dirai de plus que les soupçons de l'imposture de
Moïse sont justifiés par bien d'autres indices. Il
peut être convaincu par son propre témoignage,
autant que par celui de ses successeurs. Bien que
l'on n'ait pas encore décidé la question :

I. Si les livres que l'on dit de Moïse, sont de lui,
II. ou de compilateurs,
III. d'Esdras nommément, ou
IV. si l'original est écrit en Samaritain, ou
V. dans la langue hébraïque ; et au cas que cela
ne soit pas,
VI. si nous avons l'intelligence de cette langue.

Tous ces points sont sujets à nombre d'objections.

> Les premiers livres de la Genèse surtout fournis-
> sent la démonstration que la juste interprétation
> nous échappe. J'avoue que je ne me suis pas

me tamen istis occupari profiteor, sed κατ' ἄνθρο-
πον argumentari volo.

1. A testimonio Mosis proprio, et quidem

α) De vita sua et moribus, quam supra expen-
dimus, quæque si Mahomedi (propter vim belli-
cam præ primis contra innocentes adhibitam) ali-
quantum æquipollet, nec in reliquis omnino
abludere videtur.

β) De auctoritate doctrinæ suæ. Atque huc
pertinent superius de commerciis Mosis divinis
monita, de quibus ille quidem gloriatur, sed, ut
videtur, nimis liberaliter.

Quicunque enim tale commercium cum Deo vendi-
   tat, quale esse nequit, illius commercium su-
   spectum jure est,
Atqui Moses. Ergo.
Probatur, quia gloriatur, se vidisse id, de quo in
V. et N. T. postea sæpius dicitur, quod oculus nullus viderit, scilicet, ut loqui amant, Deum a facie
ad faciem. *Exod.*, XXXII, 11; *Numer.*, XII, 8.

Sic vidit Deum 1) in sua propria forma, non sub
imagine vel in somnio. 2) A facie ad faciem, ut amicus
amicum, cum os contra os loquitur. Quæcunque autem visio 1) est talis, qualis amicorum a facie ad faciem, ore ad os colloquentium ; 2) qualis dicitur bea-
torum in altera vita, illa proprie dicta et præcisa Dei
visio est. Atqui Moses, Ergo, etc.

Minor probatur ex locis supra adductis et dicto
Apostoli : tunc vero de facie ad faciem, etc., eadem-

livré à l'étude de ces questions. J'argumente simplement

I. d'après le témoignage de Moïse, et même

α. d'après sa vie et ses mœurs, que nous avons appréciées plus haut. Si par son génie guerrier, qu'il a surtout déployé contre des innocents, il s'élève presque au niveau de Mahomet, il n'en diffère pas beaucoup d'ailleurs.

β. D'après l'autorité de sa doctrine. Nous ne répéterons pas ce que nous avons déjà dit des entretiens de Moïse avec Dieu, dont il se fait gloire, nous semble-t-il, avec trop de complaisance.

Car quiconque fait parade d'un tel commerce avec la divinité — commerce impossible — inspire des soupçons bien naturels.

Or, Moïse, etc... Donc, etc.

La preuve est acquise, puisqu'il se vante d'avoir vu un être dont il est maintes fois dit, dans le Vieux et le Nouveau Testament, que nul œil ne l'a vu, savoir, comme on se plaît à dire, face à face.

Il a donc vu Dieu 1º sous sa propre forme, non en image ou en songe, 2º face à face, comme un ami son ami, en tête-à-tête ; or, toute vision est Iº vision des amis, face à face, 2º ou vision des bienheureux dans l'autre vie. Or, Moïse, etc... Donc, etc.

La preuve de la mineure se trouve dans les textes ci-dessus rappelés, et dans la parole de l'apôtre :

que est oppositio in locis Mosis, atque in Apostoli
loco. Et tamen certissimum est apud Christianos ,
Deum neminem unquam videre in hac vita posse. Atque insuper *Exod.*, XXXIII, 20, expresse additur :
Faciem meam videre non poteritis. Hæc verba Deus
Mosi objicit, atque expresse contradicunt locis prioribus allegatis ut adeo aliter hæc excusari non possint,
quam si dicas hæc ab inconsiderato compilatore addita
esse, quo ipso totum illud dubium reddetur.

γ) De doctrina ipsa Mosis, quod sit vel legalis, vel
   evangelica. Inter leges, quas brevitatis causa non
   jam omnes perstringere licet, eminet Decalogus,
   qui speciale Dei opus et pactum in monte Horeb
   vocatur.

Ceterum prius a Mose excogitatus videtur, quam a
Deo scriptus, quia hæc præcepta in re ipsa non spi-
rant perfectionem Dei. Cum 1) aut superflua sint,
scilicet tria illa posteriora, argumento dictorum Christi
Matth. V. jam ad priora pertinentia, et 9 a 10 non
est dividendum, vel et dividendum item erit X :
2) aut sunt defectuosa : nam ubi non concupisces
habere Deos alienos, non concupisces maledicere Deo,
non concupisces Sabbatha violare, non concupisces
lædere parentes et similia? Et anne præsumendum
Deum minores concupiscentias de violatione domus,
agri, vel bonorum proximi prohibiturum in specie,
et tam singulari et extraordinario ordine, non vero
majores? Doctrinam Mosis evangelicam quod attinet,

Mais alors face à face, etc. La même opposition se
rencontre dans les textes de Moïse et de l'apôtre.
Cependant les Chrétiens admettent comme une certitude que jamais dans cette vie personne n'a pu
voir Dieu. En outre, il est dit expressément (Exod.
XXXIII, 20) : Vous ne pourrez me voir face à face.
Ces paroles que Dieu objecte à Moïse contredisent
expressément les versets ci-dessus allégués, et ne leur
laissent d'autre excuse que de dire qu'ils ont été
intercalés par un compilateur maladroit, ce qui reflète
le doute sur tout.

γ. Par la doctrine même de Moïse, en ce qu'elle
est ou légale ou évangélique. Parmi les lois,
auxquelles nous ne toucherons pas, par amour
de la brièveté, se distingue le Décalogue, que
l'on nomme spécialement l'œuvre de Dieu, le
pacte du mont Horeb.

Au reste, il ne semble pas tant l'œuvre de la main
de Dieu, que de la pensée de Moïse. Car réellement
ses préceptes ne respirent point la perfection divine.
Attendu que 1º ou ils sont superflus, savoir les trois
derniers qui, en vertu des paroles du Christ (Matth. v)
paraissent des doublures des premiers ; le neuvième
ne doit pas être séparé du dixième, ou il faut aussi
couper en deux le dixième ; 2º ou ils sont défectueux.
Car où dit-il : Vous ne convoiterez pas des dieux
étrangers, vous ne désirerez pas maudire Dieu,
violer le sabbat, blesser vos parents, etc.; faut-il
présumer que Dieu aura prohibé spécialement des
convoitises de moindre importance, de la maison, du
champ, du bien d'autrui, et cela par des dispositions

[ipsam] satis lubricam et fragilem notam venturi magni Prophetæ vel Messiæ statuit Deut. XVIII. 21, 22,
quia hæc nota suspendit fidem prophetiæ ad magnum
tempus. Sequitur vi hujus dicti Christum, vaticinatum
excidium Hierosolymitanum, hactenus non haberi debere pro propheta genuino, quatenus hoc nondum
impletum esset (neque Danielem, antequam ejus im-
pleta sunt vaticinia). Atque adeo, qui a tempore
Christi ad excidium usque interea temporis Judæi
vixerunt, eos non posse inculpari, quod in eum non
crediderint, cum tamen et Paulus iis anathema dicat,
qui Christo non adhæserint ante excidium.

Quæcunque ergo nota ad longum tempus relinquit
    libertatem securam credendi in Messiam, vel non
    credendi, illa a Deo proficisci non potuit, sed
    merito suspecta habetur. Atqui data nota, etc.
    Ergo, etc.
Non obstant quæ dicuntur de impletis aliis vatici-
niis. Nam hæc est illa specialissima et genuina magni
illius Prophetæ nota, ut impleantur ea, quæ prædixe-
rit. Unde per rerum naturam ante pro tali propheta
haberi non potuit.
Alterum absurdum, quod ex hoc loco sequi videtur, est sequens : quod hæc nota, quæ tamen omnium
Prophetarum divinum criterium esse debebat, in qui-
busdam Prophetis, scilicet indefinite [aliquid prædi-
centibus, vel definite] quidem, sed per verba mora-

expresses, et non pas des convoitises plus graves?

Quant à ce qui regarde la doctrine évangélique de Moïse, elle donne (Deut. XVIII. 21. 22) un signe assez délicat, assez scabreux pour reconnaître le grand prophète ou le messie, parce que ce signe suspend pendant une longue durée toute foi aux prophéties. Il s'ensuit que le Christ, quand il prédit la ruine de Jérusalem, ne devait pas être tenu pour un vrai prophète, aussi longtemps que Jérusalem était debout, pas plus que Daniel avant l'accomplissement de ses prédictions ; par conséquent, à tous les Juifs qui ont vécu jusqu'à cet événement depuis la mort du Christ, on ne peut faire un crime de leur incrédulité, alors cependant que Paul leur dit anathème, parce qu'ils n'ont pas reconnu le Messie avant la destruction de la ville.

Par conséquent, tout signe qui reporte à de lointaines années la liberté de croire ou non au Messie ne peut provenir de Dieu et inspire de justes soupçons.

Or, le signe donné, etc... Donc, etc.

Peu importe ce que l'on dit de l'accomplissement des autres prophéties. Car c'est le caractère spécial du grand prophète de voir ses prédictions réalisées. Jusque là, naturellement, il n'a pu être tenu pour prophète.

Autre absurdité qui semble résulter du même verset: ce caractère, qui devait être le criterium divin de tous les prophètes, ne peut s'appliquer à plusieurs qui ont fixé une époque indéterminée, où une époque déterminée, mais dans des termes qui laissent de la

8

lem latitudinem admittentia (qualia sunt : mox, cito,
propinque, etc.) plane non possit ulla ratione locum
invenire, e. g. prædixerunt multi diem universi ex-
tremum, et Petrus instare diem illum ait ; ergo hactenus, donec advenerit, pro vero propheta haberi non
poterit. Ita enim expresse requirit Moses loco citato.

δ) *De historiis Mosis.* Quod si Coranus arguatur
multarum fabularum, sane in Genesi multa aderunt
curioso lectori suspicionem motura : uti creatio hominis ex gleba terræ, inspiratio halitus, Eva ex costa
viri facta, serpentes locuti et seducentes homines sa-
pientissimos, et quos non latebat serpentem habitari
a patre mendacii, pomi esus capitalis toti orbi [quod]
unum ex attributis Dei (quæ tamen identificantur
cum ejus essentia) scilicet clementiam facit finitam,
uti restitutio lapsorum faciet iram Dei, et sic ipsum
Deum finitum; ira enim Dei est ipse Deus ; homines 800 et 900 annorum, iter bestiarum in arca Noæ,
turris Babelis, confusio linguarum, etc. Hæc et mille
alia [inspicienti] libertino, non possunt non [videri]
similia fabulis, Rabbinorum potissimum, quia et gens
Judaica ad fabulas pronissima est ; nec omnino dis-
convenientia loqui et *Ovidios* (?), *Sinensium*, et
Indorum Bramines, qui pulchram filiam, ex ovo
natam, mundum peperisse et similia fabulantur. In
specie autem Moses impingere videtur, quod Deum
sibi contradicentem stiterit : scilicet omnia bona erant,
et tamen non erat bonum Adamum esse solum. Unde
sequitur, quod aliquid extra Adamum fuerit quod non
erat bonum, atque adeo bonitati Adami nocere poterat, quum tamen et ipsa solitudo Adæ esset opus Dei,

marge, tels que : bientôt, ensuite, dans un temps prochain. Par exemple, beaucoup ont annoncé le dernier jour du monde. Pierre dit que ce jour est imminent ; donc, tant que ce jour n'a pas lui, Pierre ne pourra être tenu pour bon prophète. C'est la conséquence rigoureuse du texte de Moïse.

δ. Des histoires de Moïse. Que si l'on reproche au Coran maintes fables, à coup sûr dans la Genèse maintes choses paraissent suspectes à un lecteur scrupuleux : la formation de l'homme du limon de la terre; l'inspiration du souffle; la fabrication d'Eve avec la côte de l'homme; le serpent qui parle à un homme ayant la science infuse et n'ignorant pas que le père du mensonge habitait dans le serpent ; la pomme fatale au monde entier, acte qui limite l'un des attributs de Dieu, identifiés cependant avec son essence, savoir sa bonté, tout comme le relief de la chute limite la colère de Dieu, et par suite fait de Dieu même un être fini, car la colère de Dieu c'est Dieu; des vieillesses de huit et neuf siècles; le voyage des animaux dans l'arche ; la tour de Babel, la confusion des langues, etc. Aux yeux d'un libre penseur, ces faits ne peuvent être pris que pour des fables, des fables de rabbins surtout, car la race juive a un faible pour les fables. Il y a bien moins d'incongruités chez les Bonzes chinois, les Bramines de l'Inde, quand ils racontent parmi d'autres contes qu'une belle vierge, sortie d'un œuf, enfanta le monde. Moïse paraît trébucher surtout en faisant Dieu se contredire, à savoir : Que tout était bon, et pourtant il n'était pas bon que l'homme fût seul. D'où il suit qu'en

quia ille non solum essentiarum, sed et qualitatum bonitatem creaverat; bona enim erant omnia in ea qualitate in qua Deus ea creaverat.

Argumentor:

Quicquid a Deo est concreatum opus, id non potest non esse bonum;

Atqui solitudo Adami, etc. Ergo, etc.

1) Qui studium genealogiarum V. T. affectant, multas difficultates in Mose inveniunt. Jam non omnes proponemus : hoc unico saltem exempto, quod Paulus, I Tim. 1. 4., docuerit genealogias esse inutiles, et earum studium infructuosum, immo cavendum. Cui ergo usui tot actu distinctæ, immo toties repetitæ Mosis genealogiæ? et suspicionis singulare exemplum ad minimum corruptelæ vel compilatorum inadvertentiæ, in uxoribus Esavi et earum diversa enarratione adest.

UXORES ESAVI.

Genes. XXVI, 34.	Genes. XXVIII, 9.	Genes. XXXVI, 2.
Judith, filia Berith Hethitæ.	Mahalaad, filia Ismaelis, soror Nabajoth, quæ ultra duas priores illis aduitur.	Ada, filia Elon Hethitæ.
Basmath, filia Elon Hethitæ.		Ahalibama, c. l.
		Basmath, filia Ismaelis, soror Nabajoth.

Quod Ada est Genes. XXXVI, id Basmath di-

dehors de l'homme quelque chose n'était pas bon et pouvait gâter la bonté de l'homme, alors que la solitude même d'Adam était l'œuvre de Dieu, puisque Dieu non seulement avait créé la bonté des essences mais encore des qualités. Car toutes choses étaient bonnes avec les qualités que Dieu leur avait données.

J'argumente :

Toute œuvre, créée de Dieu, ne peut être que bonne.

Or la solitude d'Adam, etc.

Donc, etc.

1) Ceux qui s'attachent à l'étude des généalogies du Vieux Testament rencontrent beaucoup de difficultés dans Moïse. Nous ne les soulèverons pas toutes. Nous ferons seulement remarquer que Paul (I. Tim. I. 4) enseigne que *les généalogies sont oiseuses; que leur étude ne rapporte pas de fruits, même qu'il faut s'en garder.* A quoi bon donc tant de généalogies différentes, et même si souvent répétées? Il y a un fait qui permet de suspecter au moins la corruption ou l'inadvertance du compilateur : c'est l'énumération des femmes d'Esaü :

FEMMES D'ESAU.

Genèse. XXVI, 34.	Genèse. XXVIII, 9.	Genèse. XXXVI, 2.
JUDITH, fille de Berith, Héthéen. BASMATH, fille d'Elon, Héthéen.	MAHALAAD, fille d'Ismaël, sœur de Nabajoth, outre les deux précédentes.	ADA, fille d'Elon, Héthéen. AHALIBAMA, petite-fille de Sebeon. BASMATH, fille d'Ismaël, sœur de Nabajoth.

Ainsi l'Ada de Gen. XXXVI est nommée Basmath,

citur Genes. XXVI., scilicet filia Elonis Hethitæ; et
quod BASMATH est Genes. XXXVI., id MAHALAAD
dicitur Genes. XXVIII., scilicet soror Nabajoth :
cum tamen Mahalaad loco (dicto Genes. XXVIII.
dicatur esse ducta post Juditham et Basmatham
Genes. XXVI præcedenti nominatas. Harum conci-
liationem nondum video; atque hæc et similia augent
suspicionem scripta Mosis, quæ habemus, a compila-
toribus esse constructa, et quondam in scribendo erro-
res irrepsisse.

Ultimum tandem, quod in Mose argui potest, est
nimia illa tautologia et inutilis repetitio, eaque semper variata, quasi ex diversis autoribus diversa loca
congesta sint.

II) Ut et aliorum testimonio Moses suspicione arguatur, nec inimicorum tantum, sed et eorum
   qui se ejus successores et asseclas aperte professi
   sunt. Atque ea esse

   1) Petri, Act. xv, 10, leges Mosis jugum in-
   supportabile vocantis, atque proin aut Deus erit
   tyrannus, quod absit, aut Petrus loquitur falsa,
   aut leges Mosis non sunt divinæ.

   2) Pauli semper de legibus Mosis abjecte lo-
   quentis, quod non faceret, si eas pro divinis ha-
   beret. Sic, Gal. iv. eas vocat :

   a) Captivitatem, v. 3, 4. Quis autem leges Dei
   ita vocaverit?

   b) Miserabilia præcepta, v. 9.

   c) V. 30. Scribit : Abige ancillam cum filio ejus
   Hagar. Ancilla est testamentum de Monte Sinai,
   quod est lex Mosis, secundum v. 24. Quis autem

Gen. XXVI, et la Basmath de Gen. XXXVI reçoit
le nom de Mahalaad Gen. XXVIII, alors que Mahalaad Gen. XXVIII ne devient femme d'Esaü
qu'après Judith et Basmath, Gen. XXVI. La conci-
liation est impossible. Ces faits et d'autres semblables
aggravent le soupçon que les livres de Moïse, tels que
nous les possédons, ont été arrangés par des compilateurs, et que des erreurs se sont glissées dans la
copie.

Enfin, un reproche que l'on peut encore adresser
à Moïse, c'est cette excessive tautologie, ces répéti-
tions oiseuses, et toujours avec variantes, qui accu-
sent des sources différentes.

II) Moïse est suspect, non par le témoignage de
    ses ennemis, mais de ceux qui se sont donnés
    comme ses héritiers et ses fils.

1) Pierre (Act. XV. 10.) appelle la loi de
Moïse un joug insupportable, et par conséquent
Dieu un tyran. Abomination! ou Pierre ment,
ou les lois de Moïse ne sont pas divines.

2) Paul parle toujours avec mépris des lois de
Moïse. Il tiendrait un autre langage, s'il les tenait
pour divines. Ainsi (Gal. IV) il les appelle :

a) Servitude, 3, 4. Qui oserait ainsi traiter
les lois de Dieu ?

b) D'impuissantes observances, 4, 9.

c) V. 30. Il écrit : Chassez l'esclave et son fils.
La servante, c'est l'alliance du Mont Sinaï, autrement la loi de Moïse, v. 34. Or qui tolérerai

toleraret istam locutionem : Expelle legem Dei una cum filiis ejus et sectatoribus; quamvis ipse Paulus, quæ hic et capite sequenti Gal. v. 2, 3. asserit non servet, Timotheum circumcidendo, Act. xvi. 2.

d) Legem litteram mortuam vocat, et quæ non alia supersunt prædicata II Cor. iii. 6, 10 seq. Item quod non habeat claritatem dignam æstimatu, v. 10.

Quis hæc de sanctissima Dei lege diceret? Si æque divina est ac Evangelium, æqualem claritatem habere debet, etc.

Testimonia eorum, qui extra Ecclesiam Judaicam vel Christiauam sunt...

Reliqua desunt.

cette expression : Repoussez la loi de Dieu avec
ses fils et ses sectateurs. Encore que ce que
Paul avance dans le chapitre suivant (Gal. v.
2, 3), il ne l'observe pas, puisqu'il soumet Timo-
thée à la circoncision. Act. XVI. 2.

d) Il appelle la loi une lettre morte, et des
commandements qui n'ont plus de valeur. II.
Cor. VI. 6 ; il l'accuse de n'avoir pas eu une
véritable gloire.

Qui se permettrait de pareils propos sur la très-
sainte loi de Dieu? Si elle est aussi divine que l'Evangile, elle mérite une gloire égale.

Témoignages de ceux qui sont hors de l'église
juive ou chrétienne...

Le reste manque.

PIÈCES JUSTIFICATIVES [1]

SENTIMENTS

SUR LE TRAITÉ

DES TROIS IMPOSTEURS

Il y a longtemps qu'on dispute s'il y a eu véritablement un livre imprimé sous le titre : *De tribus Impostoribus.*

M. de la Monnoye, informé qu'un savant d'Allemagne (2) voulait publier une dissertation pour prouver

(1) A l'exception de la dernière, les pièces justificatives suivantes
sont celles qui se trouvent ajoutées à diverses éditions du *Traité*
(en français) *des trois Imposteurs*, livre qui, comme nous l'avons
fait remarquer dans notre *Notice*, n'est nullement la traduction du
De tribus Impostoribus.

(2) Daniel-George Morhof, mort le 30 juin 1691, sans avoir tenu
parole.

qu'il y a eu véritablement un livre imprimé, *De tribus Impostoribus*, écrivit à un de ses amis une lettre pour établir le contraire : cette lettre fut communiquée par M. Bayle à M. Basnage de Bauval qui en donna, au mois de février 1694, un extrait dans son Histoire des ouvrages des Savants. Postérieurement, M. de la Monnoye a fait sur cette matière une plus ample dissertation dans une lettre de Paris, du 16 juin 1712, à M. le président Bouhier, dans laquelle il assure qu'on trouvera en petit l'histoire presque complète de ce fameux livre.

Il réfute d'abord l'opinion de ceux qui attribuent cet écrit à l'empereur Frédéric I. Cette fausse imputation vient d'un endroit de Grotius, dans son appendice du traité *de Antichristo,* dont voici les termes :

« Librum de tribus Impostoribus absit ut Papæ tribuam aut Papæ oppugnatoribus; jam olim inimici Frederici Barbarossæ Imperatoris famam sparserant libri talis, quasi jussu ipsius scripti, sed ab eo tempore, nemo est qui viderit; quare fabulam esse arbitror. » C'est Colómiez qui rapporte cette citation, p. 28 de ses *Mélanges historiques.* Mais il y a deux fautes, ajoute-t-il : 1° ce ne fut pas Frédéric I, ou Barberousse, qu'on faisait auteur de ce livre, mais Frédéric II, son petit-fils, comme il paraît par les Epîtres de Pierre des Vignes, son secrétaire et son chancelier, et par Mathieu Paris, qui rapportent qu'il fut accusé d'avoir dit que « le monde avait été séduit par trois imposteurs, » et non pas d'avoir composé un livre sous ce titre. Mais cet empereur a fortement nié qu'il eût jamais dit pareille chose. Il détesta le blasphème qu'on lui reprochait, déclarant que c'était une calomnie atroce : ainsi c'est à tort que Lipse et d'autres écrivains l'ont condamné sans avoir assez examiné ses défenses.

Averroès, près d'un siècle auparavant, s'était moqué des

trois religions, et avait dit (1) que « la religion judaïque
était une loi d'enfants ; la chrétienne, une loi d'impossibilité, et la mahométane une loi de pourceaux. »

Depuis, plusieurs ont écrit avec beaucoup de liberté
sur le même sujet.

On lit dans Thomas de Catimpré qu'un maître Simon
de Tournay disait que « trois séducteurs, Moïse, Jésus-
Christ et Mahomet, avaient infatué de leur doctrine le
genre humain. » C'est apparemment ce maître Simon de
Tournay dont Mathieu Paris conte une autre impiété, et
le même que Polydore Virgile appelle de Turwai, noms
l'un et l'autre corrompus.

Parmi les manuscrits de la bibliothèque de M. l'abbé
Colbert, que le roi a acquis en 1752, il s'en trouve un
numéroté 2071, qui est d'Alvare Pelage, cordelier espagnol, évêque de Salves et Algarve, connu par ses livres
de *Planctu Ecclesiæ*, qui rapporte qu'un nommé Scolus,
cordelier et jacobin, détenu prisonnier à Lisbonne pour
plusieurs impiétés, avait traité également d'imposteurs
Moïse, Jésus-Christ et Mahomet, disant que le premier
avait trompé les Juifs, le second les Chrétiens, et le troisième les Sarrasins. « Disseminavit iste impius hæreticus
in Hispaniâ (ce sont le termes d'Alvare Pelage), quod
tres deceptores fuerunt in mundo, scilicet Moïses qui
deceperat Judæos, et Christus qui deceperat Christianos,
et Mahometus qui decepit Sarracenos. »

Le bon Gabriel Barlette, dans un sermon de saint An-
dré, fait dire à Porphyre ce qui suit : « Et sic falsa est
Porphyrii sententia, qui dixit tres fuisse garrulatores qui
totum mundum ad se converterunt : primus fuit Moïses
in populo judaico, secundus Mahometus, tertius Christus.»

(1) Apud Nevizanum 1, Sylvæ nupt. 2, n° 121.

Belle chronologie, qui met Jésus-Christ et Porphyre après Mahomet !

Les manuscrits du Vatican, cités par Odoric Rainoldo, tome IX des Annales ecclésiastiques, font mention d'un Jeannin de Solcia, chanoine de Bergame, docteur en droit civil et canon, nommé en latin dans le décret de Pie II, Javinus de Solcia, condamné le 14 novembre 1459, pour avoir soutenu cette impiété que Moïse, Jésus-Christ et Mahomet avaient gouverné le monde à leur fantaisie, « mundum pro suarum libito voluntatum rexisse. » Jean-Louis Vivaldo de Mondovi, qui écrivait en 1506, et dont on a entre autres ouvrages un traité *De duodecim persecutionibus Ecclesiæ Dei*, dit, au chapitre de la sixième persécution, qu'il y a des gens qui mettent en question lequel des trois législateurs a été le plus suivi, Jésus-Christ, Moïse ou Mahomet : « Qui in questionem vertere præsumunt, dicentes : Quis in hoc mundo majorem gentium aut populorum sequelam habuit, an Christus, an Moïses, an Mahometus ? »

Herman Ristwyck, Hollandais, brûlé à la Haye en 1512, se moquait de la religion juive et de la chrétienne : on ne dit pas qu'il parlât de la mahométane ; mais un homme qui traitait Moïse et Jésus-Christ d'imposteurs, pouvait-il avoir meilleure opinion de Mahomet ?

On doit penser de même de l'auteur inconnu des impiétés contre Jésus-Christ, trouvées l'an 1547 à Genève, parmi les papiers du nommé Gruet. Un Italien, nommé Fausto da Longiano, avait entrepris un ouvrage qu'il intitulait *le Temple de la Vérité*, dans lequel il ne prétendait pas moins que de détruire toutes les religions. « J'ai, dit-il, commencé un autre ouvrage intitulé *le Temple de la Vérité*, dessein bizarre que peut-être je diviserai en trente livres : on y verra la destruction de toutes les sectes, de la juive, de la chrétienne, de la mahométane, et des autres religions, à prendre toutes ces choses dans leur premier principe. » Mais parmi les lettres de l'Arétin à ce Fausto, il ne s'en trouve aucune où cet ouvrage soit désigné; peut-être n'a-t-il jamais été achevé, et quand il l'aurait été, et qu'il aurait paru, il serait différent de celui dont il s'agit, dont on prétend qu'il y a une traduction allemande, imprimée in-folio, dont il reste encore des exemplaires dans les bibliothèques d'Allemagne. Claude Beauregard, en latin Berigardus, professeur en philosophie, premièrement à Paris, ensuite à Pise, et enfin à Padoue, cite ou désigne un passage du livre *des trois Imposteurs*, où les miracles que Moïse fit en Egypte sont attribués à la supériorité de son démon sur celui des magiciens de Pharaon. Giordan Brun, brûlé à Rome, le 17 février 1600, a été accusé d'avoir avancé quelque chose d'approchant. Mais parce que Beauregard et Brun ont avancé de pareilles rêveries, et ont jugé à propos de les citer comme tirées du livre *des trois Imposteurs*, est-ce une preuve sûre qu'ils aient lu ce livre? Ils l'auraient sans doute mieux fait connaître, et auraient dit s'il est manuscrit ou imprimé, en quel volume et en quel lieu.

Tentzelius, sur la foi d'un de ses amis, prétendu témoin oculaire, fait la description du livre, spécifiant jusqu'au nombre de huit feuilles ou cahiers, et voulant prouver au troisième chapitre que l'ambition des législateurs est la source unique de toutes les religions, il cite pour exemples Moïse, Jésus-Christ et Mahomet. Struvius, après Tentzelius, rapporte le même détail, et n'y trouvant rien que la fiction ne puisse inventer, ne paraît pas plus disposé à croire à l'existence du livre.

Le journaliste de Leipsic, dans ses *Acta eruditorum*

du mois de janvier 1709, p. 36 et 37, produit cet extrait
d'une lettre dont voici le sens : « Étant en Saxe, j'ai vu
le livre *des trois Imposteurs* dans le cabinet de M***.
C'est un volume in-8° latin, sans marque, ni du nom de
l'imprimeur, ni du temps de l'impression, laquelle, à en
juger par le caractère, paraissait avoir été faite en Allemagne ; j'eus beau employer toutes les inventions ima-
ginables pour obtenir la permission de le lire entier, le
maître du livre, homme d'une piété délicate, ne voulut
jamais y consentir, et j'ai même su qu'un célèbre professeur de Wittemberg lui en avait offert une grosse
somme. Étant allé peu de temps après à Nuremberg,
*comme je m'y entretenais un jour de ce livre avec M. An-
dré Mylhdorf*, homme respectable par son âge et par sa
doctrine, il m'avoua de bonne foi qu'il l'avait lu, et que
c'était M. Wlfer, ministre, qui le lui avait prêté ; sur quoi,
de la manière dont il me détaillait la chose, je jugeai que
c'était un exemplaire tout semblable au précédent, d'où
je concluais qu'indubitablement c'était le livre en question, tout autre qui ne sera pas in-8°, ni d'aussi
ancienne impression, ne pouvant être le véritable. »
L'auteur de ce livre aurait pu et dû donner plus d'éclair-
cissement ; car il ne suffit pas de dire, j'ai vu, il faut faire
voir et démontrer qu'on a vu, autrement cela n'est pas
plus authentique qu'un ouï-dire ; à quoi il faut réduire
tous les auteurs dont il est jusqu'ici fait mention dans
cette dissertation.

Le premier qui ait parlé du livre comme existant en
1543, est Guillaume Postel dans son traité de la confor-
mité de l'Alcoran avec la doctrine des luthériens ou des
évangélistes, qu'il nomme anévangélistes, et qu'il entre-
prend de rendre tout à fait odieux, en voulant faire voir
que le luthéranisme conduit droit à l'athéisme ; il en

rapporte pour preuve trois ou quatre livres composés, selon lui, par des athées, qu'il dit avoir été des premiers sectateurs du prétendu nouvel évangile : « Id arguit nefarius tractatus Villanovani De tribus Prophetis, Cymbalum mundi, Pantagruelus, et Novæ insulæ, quorum autores erant anevangelistarum antesignani. » Ce Villanovanus, que Postel dit auteur du livre *des trois Imposteurs,* est Michel Servet, fils d'un notaire, qui étant né en 1509, à Villanueva en Aragon, a pris le nom de Villanovanus dans la préface qu'il ajouta à une Bible qu'il fit imprimer à Lyon en 1542, par Hugues de la Porte, et prenait en France le nom de Villeneuve, sous lequel on lui fit son procès, après avoir fait imprimer en 1553, à Vienne en Dauphiné, la même année de sa mort, son livre intitulé *Christianismi restitutio;* un livre devenu extrêmement rare, par les soins qu'on prit à Genève d'en rechercher les exemplaires pour les brûler ; mais dans tous les catalogues des livres de Servet, on ne trouve point le livre *De tribus Impostoribus.* Ni Calvin, ni Bèze, ni Alexandre Morus, ni aucun autre défenseur du parti huguenot qui ont écrit contre Servet, et qui avaient intérêt de justifier son supplice, et de le convaincre d'avoir composé ce livre, aucun ne l'en avait accusé ; Postel, ex-jésuite, est le premier qui, sans autorité, l'a fait.

Florimond de Rémond, conseiller au parlement de Bordeaux, a écrit positivement avoir vu le livre imprimé. Voici ses termes : « Jacques Curio, en sa Chronologie de l'an 1556, dit que le Palatinat se remplissait de tels moqueurs de religion, nommés Lucianistes, gens qui tiennent pour fables les livres saints, surtout du grand législateur de Dieu, Moïse. N'a-t-on pas vu un livre forgé en Allemagne, quoique imprimé ailleurs, au même temps que l'hérésie jouait aussi son personnage, qui semait cette

10

doctrine, portant ce titre *Des trois Imposteurs*, etc.,
se moquant des trois religions qui seules reconnais-
saient le vrai Dieu : la juive, la chrétienne et la mahométane ? Ce seul titre montrait quel était le siècle de sa
naissance, qui osait produire un livre si impie. Je n'en
eusse pas fait mention si Osius et Génebrard avant moi
n'en eussent parlé. Il me souvient qu'en mon enfance
j'en vis l'exemplaire au collége de Presle entre les mains
de Ramus, homme assez remarquable par son haut et
éminent savoir, qui embrouilla son esprit parmi plusieurs
recherches des secrets de la religion qu'il maniait avec
la philosophie. On faisait passer ce méchant livre de
main en main parmi les plus doctes désireux de le voir.
O aveugle curiosité ! » Tout le monde connaît Florimond
de Rémond pour un auteur sans conséquence, dont on
disait communément trois choses mémorables : « Ædi-
ficabat sine pecunia, judicabat sine conscientia, scribebat
sine scientia. » On sait même qu'il prêtait souvent son
nom au P. Richeaume, jésuite, qui (son nom étant fort
odieux aux protestants), se cachait sous celui du conseiller de Bordeaux. Mais si Osius et Génébrard en par-
laient aussi formellement que Florimond de Rémond, il
y aurait de quoi balancer ; voici ce que Génébrard en
dit dans la page 59 de sa réponse à Lambert Danau,
imprimée in-8°, à Paris, en 1581 : « Non Blandratum,
non Alciatum, non Ochinum, ad mahometismum impulerunt ; non Valleum ad atheismi professionem induxerunt ; non alium quemdam ad spargendum libellum De
tribus Impostoribus, quorum secundus esset Christus
Dominus, duo alii Moïses et Mahometes, pellexerunt. »
Mais est-ce assez spécifier ce livre impie, et Génébrard
dit-il l'avoir vu ? Et serait-il possible qu'on n'en eût aujourd'hui plus et de plus véritables connaissances, s'il

avait véritablement existé? On sait combien de menteries
se sont débitées dans tous les temps sur plusieurs livres
qui ne se sont jamais trouvés, quoique des gens eussent
assuré les avoir vus, et même cité les lieux où ils leur
avaient été communiqués.

On a voulu dire que le livre *des trois Imposteurs*
était dans la bibliothèque de M. Salvius, plénipotentiaire
de Suède à Munster ; que la reine Christine n'ayant pas
voulu le lui demander pendant qu'il vivait, aussitôt
qu'elle avait su sa mort, avait envoyé M. Bourdelot, son
premier médecin, prier la veuve de satisfaire sa curiosité,
mais qu'elle avait répondu que le malade, saisi de remords de conscience, la veille de sa mort, avait dans sa
chambre fait jeter le livre au feu. C'est à peu près en
même temps que Christine faisait chercher avec empres-
sement le *Colloquium heptaplomeres* de Bodin, manuscrit alors fort rare : après une longue quête elle parvint enfin à le trouver ; mais quelque passion qu'elle eût
de voir le livre *De tribus Impostoribus,* quelque re-
cherche qu'elle en eût fait faire dans toutes les bibliothèques de l'Europe, elle est morte sans avoir pu le
déterrer. N'en peut-on pas conclure qu'il n'existait pas ?
Sans quoi les soins de la reine Christine auraient infailli-
blement découvert ce livre que Postel annonce avoir paru
en 1543, et Florimond de Rémond, en 1556. D'autres,
dans la suite, ont assigné d'autres époques.

En 1654, Jean-Baptiste Morin, médecin célèbre et ma-
thématicien, écrivit une lettre sous le nom de Vincent
Panurge, qu'il s'adressa à lui-même: *Vincentii Panurgii
epistola de tribus Impostoribus, ad clarissimum virum Joannem-Baptistam Morinum medicum.* Les
trois imposteurs dont il veut parler sont Gassendi, Naudé,
et Bernier, qu'il veut rendre odieux par ce titre. Chrétien

Kortholt, en 1680, a donné le titre *de tribus Imposto-ribus* à son livre contre Herbert, Hobbes et Spinosa, et a dit dans sa préface qu'on avait vu le traité véritable *des trois Imposteurs* entre les mains d'un libraire de Bâle : tel a été l'abus qu'on a fait de ce titre contre des adver-saires, et par où on a imposé à la crédulité des demi-sa-vants, qui sans examiner, sont les dupes du premier coup d'œil. Car serait-il possible, si ce livre avait existé véri-tablement, qu'on ne l'eût réfuté, comme on a fait le livre des Préadamistes de M. de la Peyrère, les écrits de Spi-nosa, et l'ouvrage même de Bodin? Le *Colloquium hep-taplomeres*, quoique manuscrit, a été réfuté. Le livre *De tribus Impostoribus* méritait-il plus de grâce? D'où vient qu'il n'a point été censuré et mis à l'index? Pour-quoi n'a-t-il point été brûlé par la main du bourreau? Les livres contre les bonnes mœurs se tolèrent quelquefois, mais ceux qui attaquent aussi fortement le fond de la religion ne demeurent jamais impunis. Florimond de Rémond qui dit avoir vu le livre, a affecté de dire qu'il était alors enfant, âge propre à écrire les contes des fées; il cite Ramus qui était mort il y avait trente ans, et ne pouvait plus le convaincre de mensonge; il cite Osius et Génébrard, mais en termes vagues, sans spécifier l'endroit de leurs œuvres. Il dit qu'on faisait passer de main en main ce livre, qu'on aurait plutôt dû enfermer et tenir sous la clef.

On peut encore opposer ce passage de Thomas Browne, dont voici les mots, partie 1re, section 19 de son livre intitulé *Religio medici*, traduit de l'anglais en latin par Jean Merrivheater : « Monstrum illud hominis, diis inferis a secretis scelus, nefarii illius tractatus de tribus Impos-toribus author quantumvis ab omni religione alienus, adeo ut nec judæus, nec turca, nec christianus fuerit, plane tamen atheus non erat. » D'où on inférera qu'il fallait qu'il eût vu le livre pour juger ainsi de l'auteur. Mais Browne ne parle de la sorte que parce que Bernardin Ochin, qui selon lui, comme il le marque dans un astérisque, était auteur de ce livre, était plutôt déiste qu'athée, et que tout déiste, avec de l'esprit et peu de littérature, est capable de concevoir et d'exécuter un pareil dessein. Moltkius, dans sa note sur cet endroit de Browne, n'assure pas, et avec raison, que ce livre fût d'Ochin, car on veut que ce livre ait été composé en latin, et Ochin n'a jamais écrit qu'en italien ; de plus, s'il avait été soupçonné d'avoir eu part à cet ouvrage, ses ennemis, qui ont fait tant de bruit de quelques-uns de ses dialogues touchant la Trinité et touchant la polygamie, ne lui auraient pas pardonné des trois Imposteurs. Mais comment accorder Browne et Génébrard, qui traitent Ochin de mahométan, et qui disent qu'il n'était sectateur ni de Moïse, ni de Jésus-Christ, ni de Mahomet? Que de contradictions !

Naudé, par une ridicule méprise, croyait ce Traité des trois Imposteurs d'Arnauld de Villeneuve, écrivain grossier et barbare ; et Ernstius déclare avoir ouï dire, étant à Rome, à Campanelle, que c'était l'ouvrage de Muret, écrivain très-poli et très-latin, postérieur de plus de deux siècles à Arnauld de Villeneuve ; mais il faut qu'Ernstius se trompe et que Campanelle ait varié, car dans la préface de son *Atheismus triumphatus*, et plus expressément encore dans sa question de *Gentilismo non retinendo*, il dit que c'est d'Allemagne que l'ouvrage était parti : ou il faudra supposer qu'il n'y avait que l'édition qui fût d'Allemagne, mais que la composition était de Muret ; ce qui sera entièrement opposé à ce que Florimond de Rémond a dit ci-dessus, que le livre avait été

forgé en Allemagne, quoique imprimé ailleurs ; mais
Muret a été accusé à faux, et ne doit pas avoir besoin
d'apologie. On a jugé de sa religion par ses mœurs. Les
huguenots, fâchés de ce qu'ayant goûté leur doctrine il
l'avait depuis quittée sans retour, ne l'ont pas épargné
dans l'occasion : Bèze, dans son Histoire ecclésiastique,
lui a reproché deux crimes, dont le second est l'athéisme.
Joseph Scaliger, piqué contre lui (1) pour une bagatelle
d'érudition, ne lui a pas fait plus de justice. Muret, a-t-il
dit malicieusement, serait le meilleur chrétien du monde
s'il croyait en Dieu aussi bien qu'il persuaderait qu'il y
faut croire : de là sont venues les mauvaises impressions
qu'on a prises contre Muret ; au lieu d'avoir égard à la
piété exemplaire dont il donna des marques édifiantes les
dernières années de sa vie, on s'est avisé de le noircir,
cinquante ans après sa mort, d'un soupçon inconnu à ses
ennemis les plus déclarés, et duquel il est très-sûr que de
son vivant il ne fut jamais atteint.

Des compilateurs idiots, qui n'ont nulle teinture de critique, ont enveloppé dans la même accusation le premier
que la moindre apparence leur a offert : un Étienne Dolet
d'Orléans, un François Pucci de Florence, un Jean Milton de Londres, un Merula, faux mahométan ; on y a
même mêlé Pierre Arétin, sans considérer qu'il était fort
ignorant, sans étude, sans lettres, et ne savait que sa
langue naturelle, parce qu'ils en ont ouï parler comme
d'un écrivain très-hardi et très-licencieux, et on s'est
avisé de le faire auteur de ce livre. Par la même raison
on accuse Pogge et d'autres ; on remonte jusqu'à Boccace, sans doute à cause du troisième conte de son Déca-
méron, où est rapportée la parabole des trois anneaux

(1). Voyez à ce sujet le Dictionnaire de Bayle, art. *Trabea*.

ressemblants, de laquelle il fait une très-dangereuse application à la religion juive, à la chrétienne, et à la mahométane, comme s'il voulait insinuer qu'on peut embrasser indifféremment l'une des trois, parce qu'on ne sait à laquelle adjuger la préférence. On n'a pas non plus oublié Machiavel et Rabelais, que Decker nomme ; et le Hollandais qui a traduit en français le livre de la Religion du médecin, de Browne, dans ses notes sur le chapitre 20, outre Machiavel, nomme encore Érasme.

Avec moins d'extravagance, on pourrait y mêler et Pomponace et Cardan. Pomponace, chap. 14 de son traité de l'Immortalité de l'âme, raisonnant en pur philosophe et faisant abstraction de la croyance catholique, à laquelle solennellement à la fin de ses livres il proteste de se soumettre, a osé dire que la doctrine de l'immortalité de l'âme avait été introduite par tous les fondateurs de religion pour contenir les peuples dans le devoir ; en quoi, ou tout le monde, ou la plus grande partie, était dupe, parce que je suppose, ajoute-t-il, qu'il n'y ait que trois religions, celle de Jésus-Christ, celle de Moïse et celle de Mahomet ; si toutes les trois sont fausses, il s'ensuit que tout le monde est trompé ; raisonnement scandaleux et qui, nonobstant toutes les précautions de Pomponace, a donné lieu à Jacques Charpentier de s'écrier : « Quid vel hac sola dubitatione in christiana schola cogitari potest perniciosius ? » Cardan fait encore pis dans le onzième de ses livres de la *Subtilité ;* il compare entre elles succinctement les quatre religions générales, et après les avoir fait disputer l'une contre l'autre, sans qu'il se déclare pour aucune, il finit brusquement de cette sorte : « His igitur arbitrio victoriæ relictis ; » ce qui signifie qu'il laisse au hasard à décider de la victoire ; paroles qu'il corrige de lui-même dans la seconde édition. Ce qui

n'a pas empêché qu'il n'en ait été repris très-aigrement
trois ans après par Jules Scaliger, à cause du sens terrible
qu'elles renfermaient et de l'indifférence qu'elles mar-
quaient de la part de Cardan, touchant la victoire que
l'un des quatre partis, quel qu'il fût, pouvait remporter,
soit par la force des raisons, soit par la force des armes.

Dans le dernier article du *Naudœana*, qui est une rap-
sodie de bévues et de faussetés, il y a quelques recherches
confuses touchant le livre *Des trois Imposteurs.* Il y est
dit que Ramus l'attribuait à Postel, ce qui ne se trouve
nulle part dans les écrits de Ramus ; quoique Postel eût
d'étranges visions, et que Henri Etienne dépose lui avoir
ouï dire que des trois religions, la juive, la chrétienne et
la mahométane, on pourrait en faire une bonne, il n'a
pourtant dans aucune de ses œuvres attaqué la mission
de Moïse, ni la divinité de Jésus-Christ, et n'a pas même
osé soutenir en termes précis que cette religieuse hospi-
talière vénitienne, qu'il appelait sa mère Jeanne, serait
la rédemptrice des femmes, comme Jésus-Christ avait été
rédempteur des hommes. Seulement, après avoir dit que
dans l'homme *animus* était la partie masculine, *anima*
la féminine, il a eu la folie d'ajouter que ces deux parties
ayant été corrompues par le péché, sa mère Jeanne ré-
parerait la féminine, comme Jésus-Christ avait réparé la
masculine. Le livre où il débite cette extravagance fut
imprimé in-16 à Paris l'an 1553, sous le titre des *trois
merveilleuses Victoires des Femmes,* et n'est pas devenu si rare qu'on ne le trouve encore assez aisément ; et
l'on verrait de même celui qu'il aurait publié *des trois
Imposteurs,* s'il était vrai qu'il fût venu à cet excès
d'impiété. Il en était si éloigné, que dès l'an 1543 il
déclara hautement que l'ouvrage était de Michel Servet,
et ne se fit aucun scrupule, pour se venger des huguenots,

ses calomniateurs, de leur imposer, dans une lettre qu'il écrivit à Masius l'an 1563, d'avoir eux-mêmes fait imprimer ce livre à Caen : « Nefarium illud trium Impostorum commentum, seu liber contra Christum, Moïsem et Mahometem, Cadomi nuper ab illis qui Evangelio Calvini se addictissimos profitentur typis excusus est; » au même chapitre du *Naudæana* il est parlé d'un certain Barnaud en des termes si embrouillés qu'on n'y comprend rien, à moins d'avoir lu un petit livre intitulé *le Magot génevois;* c'est un in-8° de 98 pages, imprimé l'an 1615, sans nom du lieu; l'auteur ne s'y nomme pas non plus, et pourrait bien être Henri de Sponde, depuis évêque de Pamiers : il dit qu'en ce temps-là un médecin nommé Barnaud, convaincu d'arianisme, le fut aussi d'avoir fait le livre *De tribus Impostoribus,* qui à ce compte serait de bien fraîche date. Ce qu'il y a de plus raisonnable dans ce même dernier article du *Naudæana,* c'est qu'on y fait dire à Naudé, homme d'une expérience infinie en matière de livres, qu'il n'avait jamais vu le livre *des trois Imposteurs,* qu'il ne le croyait pas imprimé, et qu'il estimait fabuleux tout ce qu'on en débitait.

On peut encore ajouter à ce catalogue le fameux athée Jules-César Vanini, brûlé à Toulouse l'an 1619, sous le nom de Lucilio Vanino, accusé d'avoir répandu ce mauvais livre en France quelques années avant celle de son supplice.

S'il y a des écrivains follement crédules, gens dépourvus du sens commun, qui puissent admettre ces impertinences et assurer que ce livre se vendait publiquement alors en divers endroits de l'Europe, les exemplaires n'en devraient pas être si rares, un seul suffirait pour résoudre la question; mais on n'en voit aucun, ni de ceux-là, ni de ceux qu'on dit avoir été imprimés, soit par Chrétien

11

Wechel, à Paris, vers le milieu du seizième siècle, soit
par le nommé Nachtegal, à la Haye, en 1614 ou 1615. Le
père Théophile Raynaud a dit que le premier, de riche
qu'il était, tomba par punition divine dans une extrême
pauvreté. Mullerus dit que le second fut chassé de la Haye
avec ignominie. Mais Bayle, dans son Dictionnaire, au
nom de Wechel, a solidement réfuté la fable qu'on a
débitée de cet imprimeur. A l'égard de Nachtegal, Spizelius rapporte que cet homme, qui était d'Alchmar, fut
chassé, non pour avoir publié le livre *des trois Imposteurs*, mais pour y avoir proféré quelques blasphèmes de
cette espèce. Enfin, qu'on parcoure avec attention et pa-
tience ce que dit Vincent Placcius dans l'édition in-folio
de son vaste ouvrage, *De Anonymis et Pseudonymis*;
Chrétien Kortholt dans son livre *De tribus Impostoribus*, revu par son fils Sébastien ; et enfin Struvius dans
l'édition de 1706 de sa dissertation *De doctis Impostoribus*, on ne trouvera rien dans leurs recherches qui
prouve que ce livre a existé; et il est étonnant que Struvius, qui, malgré les preuves les plus spécieuses que
Tentzelius avait pu lui rapporter de l'existence de ce
livre, s'était toujours tenu ferme à la négative, se soit
avisé depuis de croire le livre existant sur la plus frivole
raison qui se puisse imaginer.

Une préface anecdote de l'*Atheismus triumphatus*
lui étant tombée entre les mains, il y trouva que l'auteur,
pour se disculper du crime qu'on lui avait imputé d'avoir
fait le livre *De tribus Impostoribus*, répondit que trente
ans avant qu'il vînt au monde, ce livre avait vu le jour.
Chose merveilleuse! cette réponse avancée en l'air a paru
si démonstrative à Struvius, qu'il a cessé de douter de
l'existence du livre, concluant qu'elle était sûre, puisqu'il
n'était plus permis d'ignorer le temps de l'édition, qui,

ayant précédé de trente ans la naissance de Campanelle,
arrivée en 1568, tombait par conséquent juste en 1538.
De là, poussant les découvertes plus loin, il s'est déter-
miné à prendre Boccace pour auteur du livre, par une
mauvaise interprétation du livre de Campanelle, qui, au
chapitre 2, n° 6, du livre intitulé *Atheismus triumphatus*, s'exprime en ces termes : « Hinc Boccacius in fabel-
lis impiis probare contendit non posse discerni inter legem
Christi, Moïsis et Mahometis, quia eadem signa habent
uti tres annuli consimiles. » Mais Campanelle a-t-il entendu par là que Boccace fût auteur du livre *De tribus
Impostoribus ?* Bien loin de cela, répondant ailleurs à
cette objection des athées, il dit y avoir satisfait ailleurs,
« contra Boccacium et librum *De tribus Impostoribus* » ;
et Struvius, au parag. 9 de sa dissertation *De doctis Impostoribus,* cite lui-même le passage d'Ernstius, qui dit
que Campanelle lui a dit que le livre était de Muret ;
mais Muret était né en 1526, et le livre ayant été imprimé
en 1538, Muret ne pouvait avoir que douze ans, âge auquel on ne présumera jamais qu'il ait été capable d'avoir
composé un tel livre. Il faut donc conclure que le livre
De tribus Impostoribus, écrit en latin et imprimé en
Allemagne, n'a jamais existé. Il n'y a jamais eu de livre
imprimé, quelque rare qu'il ait été, dont on n'ait eu plus
de connaissance, et plus distincte, et plus circonstanciée.

Quoiqu'on n'ait point vu les œuvres de Michel Servet,
on a toujours su qu'elles avaient été imprimées, où elles
l'avaient été. Avant les deux éditions modernes qui ont
été faites du *Cymbalum mundi,* ouvrage de Bonaven-
ture des Perriers, caché sous le nom de Thomas du Cle-
vier, qui dit l'avoir traduit du latin, et dont il ne restait
que deux exemplaires anciens, l'un dans la bibliothèque
du roi, et l'autre dans celle de M. Bigot, de Rouen, on,

savait qu'ils étaient imprimés, le temps, et le nom du libraire ; il en est de même du livre de *la Béatitude des chrétiens, ou le Fléau de la foi,* dont l'auteur Geoffroi Vallée, d'Orléans, fut pendu et brûlé en Grève, le 9 février 1573, après avoir abjuré son erreur, petit livre de treize pages in-8°, imprimé sans nom de lieu et sans date, très-mal raisonné, mais si rare, que l'exemplaire qu'en avait M. l'abbé d'Estrées est peut-être l'unique. *Quand tous* ces livres auraient absolument péri, on ne douterait pas néanmoins qu'ils n'eussent existé, parce que leur histoire est aussi vraie que celle du livre *Des trois Imposteurs* est apocryphe.

RÉPONSE

A LA DISSERTATION DE MONSIEUR DE LA MONNOYE

SUR LE TRAITÉ

DES TROIS IMPOSTEURS

Une espèce de dissertation, assez peu démonstrative, qui se trouve à la fin de la nouvelle édition du *Menagiana* qu'on vient de publier en ce pays, me donne occasion de mettre la main à la plume, pour donner quelque certitude au public sur un fait sur lequel il semble que tous les savants veulent exercer leur critique, et en même temps pour disculper un grand nombre de très-habiles personnages, et même quelques-uns d'une vertu distinguée, qu'on a tâché de faire passer pour être les auteurs du livre qui fait le sujet de cette dissertation qu'on dit être de M. de la Monnoye ; je ne doute pas que ce nouveau livre ne soit déjà entre vos mains : vous voyez que je veux parler du petit traité *De tribus Impostoribus*. L'auteur de la dissertation soutient la non-existence de ce livre, et tâche de prouver son sentiment par des

conjectures, et sans aucune preuve capable de faire impression sur un esprit accoutumé à ne pas souffrir qu'on
lui en fasse accroire. Je n'entreprendrai pas de réfuter,
article par article, cette dissertation qui n'a rien de plus
nouveau que ce qui se trouve dans une dissertation latine, *De doctis Impostoribus*, de M. Burchard Gottheffle
Struve, imprimée pour la seconde fois à Gênes, chez
Muller, en 1706, et que l'auteur a vue, puisqu'il la cite.
J'ai en main un moyen bien plus sûr pour détruire cette
dissertation de M. de la Monnoye, en lui apprenant que
j'ai vu, *meis oculis,* la fameux petit traité *De tribus
Impostoribus,* et que je l'ai dans mon cabinet. Je vais
vous rendre compte, monsieur, et au public, de la manière
dont je l'ai découvert, et comment je l'ai vu, et je vous
en donnerai un court et fidèle extrait.

Étant à Francfort-sur-le-Mein, en 1706, je m'en fus un
jour chez un des libraires le mieux assortis en toutes sortes
de livres, avec un juif et un ami nommé Frecht, étudiant
alors en théologie : nous examinions le catalogue du
libraire, lorsque nous vîmes entrer dans la boutique une
espèce d'officier allemand qui, s'adressant au libraire, lui
demanda en allemand s'il voulait conclure leur marché,
ou qu'il allait chercher un autre marchand. Frecht qui
reconnut l'officier, le salua et renouvela leur connaissance;
ce qui donna occasion à mon ami de demander à cet officier, qui s'appelait Trawsendorff, ce qu'il avait à démêler
avec le libraire. Trawsendorff lui répondit qu'il avait deux
manuscrits et un livre très-ancien dont il voulait faire
une petite somme pour la campagne prochaine, et que le
libraire se tenait à 50 rixdales, ne lui voulant donner que
450 rixdales de ces trois livres, dont il voulait tirer 500.
Cette grosse somme pour deux manuscrits et un petit li-
vret, excita la curiosité de Frecht, qui demanda à son ami

s'il ne pouvait pas voir des pièces qu'il voulait vendre si cher. Trawsendorff tira aussitôt de sa poche un paquet de parchemin, lié d'un cordon de soie, qu'il ouvrit, et en tira ses trois livres. Nous entrâmes dans le magasin du libraire pour les examiner en liberté, et le premier que Frecht ouvrit se trouva l'imprimé qui avait un titre italien écrit à la main, à la place du véritable titre qui avait été déchiré. Ce titre était *Spaccio della Bestia triumphante,* dont l'impression ne paraissait pas ancienne : je crois que c'est le même dont Toland a fait imprimer une traduction en anglais, il y a quelques années, et dont les exemplaires se sont vendus si cher. Le second, qui était un vieux manuscrit latin d'un caractère assez difficile, n'avait point de titre, mais au haut de la première page était écrit en assez gros caractères : « Othoni, illustrissimo amico meo carissimo, F. I. S. D. » et l'ouvrage commençait par une lettre dont voici les premières lignes : « Quod de tribus famosissimis nationum deceptoribus in ordinem jussu meo digessit doctissimus ille vir, quorum sermonem de illa re in museo meo habuisti, exscribi curavi, atque codicem illum stylo æque vero ac puro scriptum ad te quàm primum mittò ; etenim, » etc. L'autre manuscrit était aussi latin et sans titre, et commençait par ces mots, qui sont, ce me semble, de Cicéron, dans le premier livre *De natura Deorum :* « Qui vero deos esse dixerunt tanta sunt in varietate et dissensione constituti, ut eorum molestum sit annumerare sententias...... alterum fieri potest profecto, ut earum nulla; alterius certe non potest, ut plus una vera sit. »

Frecht, après avoir ainsi parcouru les trois livres avec assez de précipitation, s'arrêta au second dont il avait souvent entendu parler et duquel il avait lu tant d'histoires différentes, et sans rien examiner des deux autres, il tira

Trawsendorff à part, et lui dit qu'il trouverait partout des
marchands pour ces trois livres. On ne parla pas beaucoup
du livre italien, et pour l'autre on convint, en lisant par-
ci par-là quelques phrases, que c'était un système d'a-
théisme démontré. Comme le libraire s'en tenait à son
offre et ne voulait pas convenir avec l'officier, nous sor-
tîmes et fûmes au logis de Frecht, qui, ayant ses vues,
fit venir du vin, et en priant Trawsendorff de nous ap-
prendre comment ces trois livres lui étaient tombés entre
les mains, nous lui fîmes vider tant de rasades, que sa
raison étant en garouage, Frecht obtint sans beaucoup
de peine qu'il lui laissât le manuscrit *De tribus famo-*
sissimis Deceptoribus; mais il fallut faire un serment
exécrable qu'on ne le copierait pas. A cette condition, nous
nous en vîmes les maîtres vendredi à dix heures du soir,
jusqu'au dimanche au soir, que Trawsendorff le viendrait
chercher et vider encore quelques bouteilles de ce vin qui
était à son goût.

Comme je n'avais pas moins d'envie que Frecht de connaître ce livre, nous nous mîmes aussitôt à le parcourir,
bien résolus de ne pas dormir jusqu'au dimanche. Le
livre était donc bien gros, dira-t-on? Point du tout; c'était
un gros in-8° de dix cahiers, sans la lettre qui était à la
tête, mais d'un si petit caractère, et chargé de tant d'abré-
viations, sans point ni virgule, que nous eûmes bien de la
peine à en déchiffrer la première page en deux heures de
temps, mais alors la lecture nous en devint plus aisée;
c'est ce qui me fit proposer à mon ami Frecht un moyen,
qui me sent assez l'équivoque jésuitique, pour avoir une
copie de ce célèbre traité, sans fausser son serment qui
avait été fait *ad mentem interrogantis*, et il est probable que Trawsendorff, en exigeant qu'on ne copiât pas
son livre, entendait qu'on ne le transcrivît point; ainsi

mon expédient fut que nous en fissions une traduction : Frecht y consentit après quelques difficultés, et nous mîmes aussitôt la main à l'œuvre. Enfin, nous nous vîmes maîtres du livre le samedi vers minuit. Je repassai ensuite à loisir notre hâtive traduction, et nous en prîmes chacun une copie, nous engageant de n'en donner à personne. Quant à Trawsendorff, il tira les 500 rixdales du libraire, qui avait cette commission d'un prince de la maison de Saxe, qui savait que ce manuscrit avait été enlevé de la bibliothèque de Munich, lorsqu'après la défaite des Français et des Bavarois à Hochstedt, les Allemands s'emparèrent de cette ville où Trawsendorff, comme il nous l'a raconté, étant entré d'appartement en appartement jusqu'à la bibliothèque de S. A. Elect., ce paquet de parchemin et ce cordon de soie jaune s'étant offerts à ses yeux, il n'avait pu résister à la tentation de le mettre dans sa poche, se doutant que ce pouvait être quelque pièce curieuse ; en quoi il ne se trompait point.

Reste, pour faire l'histoire entière de l'invention de ce traité, à vous dire les conjectures que nous fîmes Frecht et moi sur son origine. 1° Nous tombâmes d'accord que cet « illustrissimo Othoni, » à qui il est envoyé, était Othon l'Illustre, duc de Bavière, fils de Louis I et petit-fils d'Othon le Grand, comte de Schiven et de Witelspach, à qui l'empereur Frédéric Barberousse avait donné la Bavière pour récompenser sa fidélité, en l'ôtant à Henri le Lion pour punir son ingratitude ; or cet Othon l'Illustre succéda à son père Louis I, en 1230, sous le règne de l'empereur Frédéric II, petit-fils de Frédéric Barberousse, et dans le temps que cet empereur se brouilla tout à fait avec la cour de Rome, à son retour de Jérusalem ; ce qui nous a fait conjecturer que F. I. S. D., qui suivait « l'amico meo carissimo » signifiait « Fredericus Impera-

tor salutem dicit; » conjectures d'où nous conclûmes que
le traité *De tribus Impostoribus* avait été composé depuis l'an 1230, par l'ordre de cet empereur animé contre
la religion à cause des mauvais traitements qu'il recevait
du chef de la sienne, lequel était alors Grégoire IX, dont
il avait été excommunié avant de partir pour ce voyage,
et qui l'avait poursuivi jusque dans la Syrie, où il avait
empêché par des intrigues sa propre armée de lui obéir.
Ce prince à son retour fut assiéger le pape dans Rome,
après avoir ravagé les provinces des environs, et ensuite
il fit avec lui une paix qui ne dura guère et qui fut suivie
d'une animosité si violente entre l'empereur et le saint
pontife qu'elle ne finit que par la mort de celui-ci, qui
mourut de chagrin de voir Frédéric triompher de ses
vaines fulminations et démasquer les vices du saint père
dans les vers satiriques qu'il fit répandre de tous côtés,
en Allemagne, en Italie et en France. Mais nous ne pûmes
déterrer quel était ce « doctissimus vir, » avec qui Othon
s'était entretenu de cette manière dans le cabinet, et apparemment en la compagnie de l'empereur Frédéric, à
moins qu'on ne dise que c'est le fameux Pierre des Vignes,
secrétaire, ou comme d'autres veulent, chancelier de
l'empereur Frédéric. Son traité *de Potestate imperiali*
et ses Épîtres nous apprennent quelle était son érudition
et le zèle qu'il avait pour les intérêts de son maître, et
son animosité contre Grégoire IX, les ecclésiastiques et
les églises de son temps. Il est vrai que dans une de ses
épîtres il tâche de disculper son maître qu'on accusait
dès lors d'être auteur de ce livre, mais cela pourrait ap-
puyer la conjecture, et faire croire qu'il ne plaidait pour
Frédéric qu'afin qu'on ne mît pas sur son compte une
production si scandaleuse, et peut-être nous aurait-il ôté
tout prétexte de conjecturer, en confessant la vérité, si

lorsque Frédéric, le soupçonnant d'avoir conspiré contre
sa vie, l'eut condamné à avoir les yeux crevés et à être
livré aux Pisant. .s, ses cruels ennemis, le désespoir n'eût
avancé sa mort dans un infâme cachot, d'où il ne pouvait
se faire entendre à personne. Ainsi voilà détruites toutes
les fausses accusations contre Averroës, Boccace, Dolet,
Arétin, Servet, Ochin, Postel, Pomponace, Campanelle,
Pogge, Pulci, Muret, Vanini, Milton, et plusieurs autres;
et le livre se trouve avoir été composé par un savant du
premier ordre de la cour de cet empereur, et par son
ordre. Quant à ce qu'on a soutenu qu'il avait été imprimé,
je crois pouvoir avancer qu'il n'y a guère d'apparence,
puisqu'on peut s'imaginer que Frédéric ayant tant d'ennemis de tous côtés, n'aura pas divulgué ce livre qui leur
aurait donné une belle occasion de publier son irréligion,
et peut-être n'y en eut-il jamais que l'original et cette
copie envoyée à Othon de Bavière.

En voilà, ce me semble, assez pour la découverte de
ce livre et pour l'époque de son origine : voici ce qu'il
contient.

Il est divisé en six livres ou chapitres, chacun desquels
contient plusieurs paragraphes ; le premier chapitre a pour
titre *De Dieu*, et contient six paragraphes dans lesquels
l'auteur, voulant paraître exempt de tous préjugés d'édu-
cation ou de parti, fait voir que, quoique les hommes
aient un intérêt tout particulier de connaître la vérité,
cependant ils ne se repaissent que d'opinions et d'imaginations, et que, trouvant des gens qui ont intérêt de les
y entretenir, ils y restent attachés, quoiqu'ils puissent
facilement en secouer le joug, en faisant le moindre usage
de leur raison. Il passe ensuite aux idées qu'on a de la
Divinité, et prouve qu'elles lui sont injurieuses et qu'elles
constituent l'être le plus affreux et le plus imparfait qu'on

puisse s'imaginer ; il s'en prend à l'ignorance du peuple ou plutôt à sa sotte crédulité, en ajoutant foi aux visions des prophètes et des apôtres, dont il fait un portrait conforme à l'idée qu'il en a.

Le second chapitre traite des raisons qui ont porté les hommes à se figurer un Dieu ; il est divisé en onze paragraphes, où l'on prouve que de l'ignorance des causes physiques est née une crainte naturelle à la vue de mille accidents terribles, laquelle a fait douter s'il n'existait pas quelque puissance invisible : doute et crainte, dit l'auteur, dont les fins politiques ont su faire usage selon leurs intérêts, en donnant cours à l'opinion de cette existence qui a été confirmée par d'autres qui y trouvaient leur intérêt particulier, et s'est enracinée par la sottise du peuple, toujours admirateur de l'extraordinaire, du sublime et du merveilleux. Il examine ensuite quelle est la nature de Dieu, et détruit l'opinion vulgaire des causes finales, comme contraires à la saine physique : enfin il fait voir qu'on ne s'est formé telle ou telle idée de la Divinité, qu'après avoir réglé ce que c'est que perfection, bien, mal, vertu, vice, règlement fait par l'imagination, et souvent le plus faux qu'on puisse imaginer ; d'où sont venues les fausses idées qu'on s'est faites et qu'on conserve de la Divinité. Dans le dixième paragraphe, l'auteur explique à sa manière ce que c'est que Dieu et en donne une idée assez conforme au système des panthéistes, disant que le mot *Dieu* nous représente un être infini, dont l'un des attributs est d'être une substance étendue et par conséquent éternelle et infinie ; et dans le onzième, il tourne en ridicule l'opinion populaire qui établit un Dieu tout à fait ressemblant aux rois de la terre ; et passant aux livres sacrés, il en parle d'une manière très-désavantageuse, ...

Le troisième chapitre a pour titre ce que signifie le mot *Religion* ; comment et pourquoi il s'en est introduit un si grand nombre dans le monde. Ce chapitre a vingt-trois paragraphes. Il y examine dans les neuf premiers l'origine des religions, et il confirme par des exemples et des raisonnements que, bien loin d'être divines, elles sont toutes l'ouvrage de la politique ; dans le dixième paragraphe, il prétend dévoiler l'imposture de Moïse, en faisant voir qui il était et comment il s'est conduit pour établir la religion judaïque ; dans le onzième, on examine les impostures de quelques politiques, comme Numa et Alexandre. Dans le douzième, on passe à Jésus-Christ dont on examine la naissance ; dans le treizième et les suivants, on traite de sa politique ; dans le dix-septième et le suivant, on examine sa morale, qu'on ne *trouve pas plus pure que celle d'un grand nombre d'anciens philosophes*; dans le dix-neuvième, on examine si la réputation où il a été après sa mort est de quelque poids pour sa déification ; et enfin dans le vingt-deuxième et le vingt-troisième, on traite de l'imposture de Mahomet dont on ne dit pas grand'chose, parce qu'on ne trouve pas d'avocats de sa doctrine comme de celles des deux autres.

Le quatrième chapitre contient des vérités sensibles et évidentes, et n'a que six paragraphes où on démontre ce que c'est que Dieu et quels sont ses attributs : on rejette la croyance d'une vie à venir et de l'existence des esprits.

Le cinquième chapitre traite de l'âme ; il a sept paragraphes dans lesquels, après avoir exposé l'opinion vulgaire, on rapporte celle des philosophes de l'antiquité, ainsi que le sentiment de Descartes, et enfin l'auteur démontre la nature de l'âme selon son *système*.

Le sixième et dernier chapitre a sept paragraphes ; on y traite des esprits qu'on nomme *démons*, et on y fait voir l'origine et la fausseté de l'opinion qu'on a de leur existence.

Voilà l'anatomie du fameux livre en question : j'aurais pu la faire d'une manière plus étendue et plus particularisée, mais outre que cette lettre est déjà trop longue, j'ai cru que c'était en dire assez pour le faire connaître et faire voir qu'il est en nature entre mes mains. Mille autres raisons que vous comprendrez assez m'empêchent de m'étendre autant que je l'aurais pu : *est modus in rebus.*

Ainsi quoique ce livre soit en état d'être imprimé avec une préface dans laquelle j'ai fait l'histoire de ce livre et de la manière qu'il a été découvert, avec quelques conjectures sur son origine, outre quelques remarques qu'on pourrait mettre à la fin, cependant je ne crois pas qu'il voie jamais le jour, ou il faudrait que les hommes quittassent tout d'un coup leurs opinions et leurs imaginations, comme ils ont quitté les fraises, les canons et les autres vieilles modes. Quant à moi, je ne m'exposerai point au « stylet théologique » que je crains autant que Fra Paolo craignait le « stylum romanum, » pour donner le plaisir à quelques savants de lire ce petit traité, mais aussi je ne serai pas assez superstitieux pour, au lit de la mort, le faire jeter au feu, comme on prétend que fit Salvius, plénipotentiaire de Suède à la paix de Munster : ceux qui viendront après moi en feront tout ce qu'il leur plaira, sans que je m'en inquiète dans le tombeau. Avant d'y descendre, je suis avec estime, monsieur, votre très-obéissant serviteur,

J. L. R. L.

De Leyde, ce 1er janvier 1716.

Cette lettre est du sieur Pierre-Frédéric Arpe, de Kiel, dans le Holstein, auteur de l'*Apologie de Vanini*, imprimée à Rotterdam, in-8°, en 1712.

COPIE

DE L'ARTICLE IX , DU TOME 1er, SECONDE PARTIE, DES *MÉMOIRES DE LITTÉRATURE*, IMPRIMÉS A LA HAYE, CHEZ HENRY DU SAUZET, 1716.

On ne peut plus présentement douter qu'il n'y ait eu un traité *De tribus Impostoribus*, puisqu'il s'en trouve plusieurs copies manuscrites. Si M. de la Monnoye l'eût vu aussi conforme qu'il est à l'extrait qu'en donne M. Arpe dans sa lettre imprimée à Leyde, le 1er janvier 1716, même division en six chapitres, mêmes titres et les mêmes matières qui y sont traitées, il se serait récrié contre la supposition de ce livre qu'on voudrait mal à propos attribuer à Pierre des Vignes, secrétaire et chancelier de l'empereur Frédéric II. Ce judicieux critique a déjà fait voir la différence du style gothique de Pierre des Vignes dans ses épîtres, d'avec celui employé dans la lettre que l'on feint adressée au duc de Bavière, Othon l'Illustre, en lui envoyant ce livre. Une remarque bien plus importante n'aurait pas échappé à ses lumières. Ce traité *Des trois Imposteurs* est écrit et raisonné suivant la méthode et les principes de la nouvelle philosophie,

qui n'ont prévalu que vers le milieu du dix-septième
siècle, après que les Descartes, les Gassendi, les Bernier
et quelques autres se sont expliqués avec des raisonnements plus justes et plus clairs que les anciens philosophes qui avaient affecté une obscurité mystérieuse, voulant
que leurs secrets ne fussent que pour les initiés. Il a
même échappé à l'auteur de l'ouvrage, dans son cinquième
chapitre, de nommer M. Descartes, et il y combat les raisonnements de ce grand homme au sujet de l'âme. Or,
ni Pierre des Vignes, ni aucun de ceux qu'on a voulu
faire passer pour auteurs de ce livre, n'ont pu raisonner
suivant les principes de la nouvelle philosophie, qui
n'ont prévalu que depuis qu'ils ont écrit. A qui donc
attribuer ce livre? On pourrait conclure qu'il n'est que
du même temps que la petite lettre imprimée à Leyde en
1716. Mais il se trouvera une difficulté. Tentzelius, qui a
écrit en 1689 et postérieurement, donne aussi un extrait
de ce livre sur la foi d'un de ses amis, prétendu témoin
oculaire : aussi, sans vouloir fixer l'époque de la composition de ce livre qu'on disait composé en latin et imprimé, le petit traité français, manuscrit, soit qu'il n'ait
jamais été écrit qu'en cette langue ou qu'il soit une traduction du latin, ce qui serait difficile à croire, ne peut
être fort ancien.

Ce n'est pas même le seul livre composé sous ce titre et
sur cette matière : un homme, que son caractère et sa
profession auraient dû engager à s'appliquer à d'autres
matières plus convenables, s'est avisé de composer un
gros ouvrage écrit en français sous ce même titre *Des
trois Imposteurs*. Dans une préface qu'il a mise à la
tête de son ouvrage, il dit qu'il y a longtemps qu'on parle
beaucoup du livre *Des trois Imposteurs*, qu'il ne se
trouve nulle part, soit qu'il n'ait véritablement jamais

existé ou qu'il soit perdu ; c'est pourquoi il veut, pour le restituer, écrire sur le même sujet. Son ouvrage est fort long, fort ennuyeux et fort mal composé, sans principes, sans raisonnements. C'est un amas confus de toutes les injures et invectives répandues contre les trois législateurs. Ce manuscrit était en deux volumes in-folio, épais, et d'une belle écriture et assez menue ; le livre est divisé en grand nombre de chapitres. Un autre manuscrit semblable fut trouvé après la mort d'un seigneur, ce qui donna occasion de faire enlever cet auteur, qui ayant été averti, fit en sorte qu'il ne se trouvât rien parmi ses papiers pour le convaincre. Depuis ce temps il vit enfermé dans un monastère où il fait pénitence. En 1713, il a recouvré entièrement sa liberté, et on a ajouté une pension de 250 liv., sur l'abbaye de Saint-Liguaire, à une première qu'il avait réservée de 300 liv. sur son bénéfice ; il se nommait Guillaume, curé de Fresne-sur-Berny, frère d'un laboureur du pays. Il avait été ci-devant régent au collége de Montaigu ; dans sa jeunesse il avait été enrôlé dans les dragons, et ensuite il s'était fait capucin.

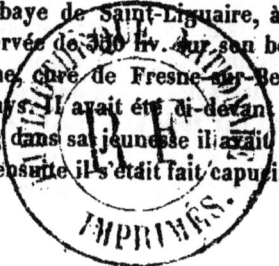

13

REPONSE DE LA MONNOYE

EXTRAITE DES *MÉMOIRES DE LITTÉRATURE*, PUBLIÉS PAR
SALLENGRE, LA HAYE, 1716, T. I, P. 386.

J'ai fait voir, dans ma dissertation sur le prétendu livre
De tribus Impostoribus, qu'encore qu'il ait paru en
divers temps divers impies qui ont osé dire que le monde
avait été séduit par trois imposteurs, ce n'a été pourtant
que vers le milieu du seizième siècle que le bruit d'un
livre composé sur ce sujet a commencé à se répandre.
On peut en fixer la date à 1543, temps auquel Guillaume
Postel a parlé de cet ouvrage comme existant. L'auteur
anonyme de la réponse à ma dissertation erre en fait
lorsqu'il prétend que c'est par l'ordre de l'empereur Frédéric II que ce livre a été composé. On ne trouve
là-dessus rien autre chose, sinon que ses ennemis l'accu-
saient d'avoir, en parlant de Moïse, de Jésus-Christ et de
Mahomet, dit que c'étaient trois séducteurs qui avaient
trompé le monde ; impiété dont il se défendit de toutes
ses forces, protestant de la calomnie. Si, néanmoins,
comme mon critique l'assure, ce livre existe actuellement
tel qu'il veut que cet empereur l'ait fait composer en

latin, il n'a qu'à produire le manuscrit, et quand des juges habiles, après l'avoir examiné, auront reconnu qu'il n'y a pas de fraude, alors j'avouerai publiquement qu'au lieu de nier l'existence du livre, je devais dire simplement qu'elle n'était pas connue. Mais tant qu'on ne nous débitera qu'un conte en l'air, qu'on ne nous alléguera qu'une traduction toute nouvelle d'un original ancien qui jamais ne paraîtra, je persisterai dans ma thèse ; et si on vient, ce que je ne crois, à publier la traduction dont on parle, je soutiendrai hautement que c'est une composition de l'éditeur, et non une version faite sur le manuscrit prétendu tiré de la bibliothèque de Munich. Le livre *Des trois Imposteurs*, trouvé par un officier allemand, après la bataille d'Hochstedt, ressemble fort au Pétrone entier trouvé au siége de Belgrade par un officier français. Ces deux découvertes sont vraies l'une comme l'autre. On reconnut d'abord le faux Pétrone à la différence manifeste du style. On reconnaîtra le faux livre *Des trois Imposteurs* à la même pierre de touche. Il est sûr que la langue latine, sous Frédéric II, n'était rien moins que polie ; elle n'avait ni tour, ni nombre, ni pureté. On en peut juger par les épîtres de ce Pierre des Vignes qu'on s'avise de faire passer pour l'auteur de l'ouvrage dont il s'agit. Ceux qui les ont lues savent qu'elles sont la barbarie même. Voyons sur ce pied-là le commencement de la lettre qu'on nous donne à entendre qu'il écrivit, sous le nom de son maître, au duc de Bavière, Othon. L'anonyme, quoique engagé par un serment exécrable à ne pas copier le manuscrit, n'a pas jugé que cette obligation s'étendît jusqu'à l'épître liminaire dont, grâce à cette judicieuse distinction, il a bien voulu nous communiquer les premières lignes : « Othoni illustrissimo, amico meo carissimo, F. I. S. D. — Quid de tribus famosissimis nationum

deceptoribus in ordinem jussu meo digessit doctissimus
ille vir, quocum sermonem de illa re in museo meo habuisti, exscribi curavi, atque codicem illum stylo æque
vero ac puro scriptum ad Te, ut primum, mitto, etenim
ipsius perlegendi Te accipio cupidissimum. »

Ce début n'a rien du tour ni de la diction de Pierre des
Vignes. La formule *salutem dixit* n'était plus en usage
de ce temps-là. *Museum* est un mot inconnu au treizième
siècle. J'en dis autant d'*exscribo*, et j'avance hardiment
ces faits, sans appréhender d'être démenti par aucun
exemple tiré des auteurs contemporains.

L'anonyme dira sans doute que l'empereur ordonna, à
cette occasion à son chancelier, d'employer un style plus
pur qu'à l'ordinaire, et que c'est le sens de ces mots :
« Codicem illum stylo æque vero ac puro scriptum », ce
qui signifie que le langage de ce livre était également
poli et sincère. A quoi je réponds que ce détour est inutile,
parce que l'empereur et son chancelier n'avaient pas plus
d'idée l'un et l'autre de la belle latinité, qu'un aveugle
n'en a des couleurs...

Je pardonne à l'anonyme la méprise de *Specchio* pour
Spaccio, en parlant du livre imprimé qui était à vendre
avec les deux manuscrits. C'est un in-8° italien intitulé
par Giordano Bruno, son auteur, en ces termes : *Spaccio de la bestia trionfante*. Je lui passe aussi le parallèle qu'il fait de ma dissertation avec celle de Struvius,
postérieure de dix ans à la mienne, dont il avait paru, en
1694, en Hollande, un extrait que Struvius lui-même a
cité. Je ne relèverai point la manière dont il s'explique,
lorsqu'il dit qu'il n'y a pas apparence que le livre *Des
trois Imposteurs* ait été imprimé, Frédéric n'ayant eu
garde de donner, en le divulguant, une si belle occasion
à ses ennemis de publier son irréligion; expression qui

semble supposer que l'imprimerie était connue à l'époque de Frédéric.

L'anonyme veut être cru sur parole : il ne se nomme pas , il ne nomme pas le libraire de Francfort. Il nomme seulement Trawsendorff et Frecht, deux hommes aussi peu connus que s'il ne les nommait pas. Le but principal de son récit est de nous annoncer sa prétendue *version* qui, peut-être, quoiqu'il en dise, consiste uniquement dans cet abrégé qu'il *nous en donne*, et si aisé dans le fond à imaginer, qu'il n'y a pas d'impie qui, avec une *médiocre habileté*, n'en conçoive et dresse un semblable en moins d'une heure , en sorte que ces plans d'athéisme pourront, en fort peu de temps, se multiplier, et le monde entendra parler à tout moment des trois imposteurs, et sans jamais voir le livre. on verra courir une infinité d'abrégés.

FIN

TABLE

—

www.ingramcontent.com/pod-product-compliance
Lightning Source LLC
Chambersburg PA
CBHW050005100426
42739CB00011B/2514